www.tredition.de

AF198051

Michael Segbers

Stimmt so?

Tippen ohne Stress

www.tredition.de

© 2020 Michael Segbers

Verlag & Druck: tredition GmbH, Halenreie 40-44, 22359 Hamburg

ISBN
Paperback: 978-3-7497-6008-4
Hardcover: 978-3-7497-6009-1
e-Book: 978-3-7497-6010-7

Inhaltsverzeichnis

Das Trinkgeld boomt – auch der Stress

„Trinkgeld ist capriciös, inkonsequent und willkürlich."

Der Philosoph und Jurist Rudolf von Jhering 1882

Weltweit wurde noch nie so viel Trinkgeld gegeben wie heute. In immer mehr Berufen und in immer mehr Situationen wird es erwartet. Und immer mehr Länder, in denen früher ein Trinkgeld verpönt oder doch wenigstens unüblich war, laufen über zur Trinkgeldfraktion. In Ländern, in denen Trinkgeld schon immer üblich war, werden die Erwartungen daran immer höher geschraubt.

Die meisten Menschen, die ausgehen und reisen, geben Trinkgeld. Nicht immer, aber meistens. Sie wahrscheinlich auch. Doch wie oft fragen Sie sich, ob es angemessen ist? Wie oft tippen Sie, obwohl es Ihnen eigentlich widerstrebt? Wie oft sind Sie unsicher, wie Sie sich verhalten sollen? Und bestimmt haben Sie sich auch schon gefragt, ob Sie dem Richtigen das Trinkgeld geben. Ob Ihr Tip im Restaurant nur dem Kellner zugutekommt oder auch der Küche. Oder ob es vielleicht der Inhaber der Gaststätte einkassiert.

Schon im eigenen Land ist das richtige Tippen mitunter schwierig – und führt oft genug wegen unterschiedlicher Einschätzung der Situation zum kleinen Partnerstreit. Denn der Grat zwischen Geiz und Prahlerei ist schmal. Erst recht problematisch wird es im Ausland, ob auf Geschäftsreise oder im Urlaub. Dass in den USA höher getippt werden sollte als zuhause, dürfte inzwischen weitgehend bekannt sein. Aber kennen Sie die Länder, in denen Sie mit einem Trinkgeld beleidigen? Und was machen Sie, wenn Ihnen beim Auschecken im Hotel gleich vier dienstbare Helfer zur Hand gehen? Wie wehren Sie ausgefuchste Trinkgeldjäger ab?

Die Tücken des Tippens beklagte schon 1882 der Geheime Justizrath und Philosoph Rudolf von Jhering, Professor an der Universität Göttingen, in seinem Aufsatz „Das Trinkgeld". Das ganze „Trinkgelderwesen" sei charakterisiert von Inkonsequenz und Willkür, schrieb der Jurist und fügte hinzu: „Man muss sich überall erst förmlich darüber informieren, wo es zu geben ist, um keinen Anstoß zu erregen; was hier üblich ist, ist es dort nicht. Trinkgeld ist capriciös."

Vielleicht haben Sie sich auch schon gefragt, woher der Brauch des Tippens überhaupt kommt, warum Trinkgeld so heißt – jedenfalls in Deutschland - und wie es anderenorts genannt wird. Erfahren Sie etwas zur unglublichen Geschichte des Trinkgeldes und dann alles über die gegenwärtigen Gebräuche und Fallstricke zu Lande, auf dem Wasser und in der Luft. Lesen Sie Absurdes, Skandalöses, hören Sie die andere Seite und erfahren Sie die Gepflogenheiten aus mehr als 100 Ländern. Danach werden Sie garantiert schöner tippen. Und nie mehr Stress mit dem Trinkgeld haben.

Der Türke badet, der Russe trinkt Tee

„Der Trinkgeldfluch macht den Kellner zum Sklaven seiner Begierden."

Kampfschrift der Anti-Trinkgeld-Liga 1902

Bei uns in Deutschland heißt es „Trinkgeld", also Geld zum Vertrinken. Laut der Gesellschaft für deutsche Sprache kennen die Deutschen den Begriff seit dem 14. Jahrhundert, wobei es manchmal auch Trunkgeld geheißen hat.

Im Brockhaus steht, Trinkgeld sei eine im Gaststätten- und Hotelgewerbe vom Gast gewährte zusätzliche Vergütung, die auch in einzelnen Handwerksbetrieben wie etwa bei Friseuren üblich sei. Bei Wikipedia wird vor allem auf die Freiwilligkeit des Trinkgeldgebens abgehoben: „Trinkgeld ist bei erhaltenen Dienstleistungen eine freiwillige Zahlung des Käufers oder Kunden an den Angestellten eines Dienstleisters, die über den Kaufpreis hinaus oder als eigenständige Zahlung geleistet wird. Zu trennen ist das freiwillig gezahlte Trinkgeld von Bedienungsgeld oder Bedienungszuschlag, die Bestandteil des Kaufpreises sind."

Auch wenn die Herkunft des Begriffs Trinkgeld nicht eindeutig geklärt ist, ist also doch anzunehmen, dass der Geber damit meinte, er gebe freiwillig etwas Geld, damit das Ziel seiner Großzügigkeit etwas trinken möge. Offen blieb dabei, was der so Beschenkte trinken soll: Wasser, weil er Durst hat, Bier, weil es ihm schmeckt oder etwas Härteres, vielleicht auch weil der Geber so unleidlich war. Man darf aber getrost annehmen, dass das meiste „Trinkgeld" nicht vertrunken wurde und nicht vertrunken wird, sondern eher in Spardosen oder in der Haushaltskasse landet und zum wichtigen Bestandteil des Einkommens einiger Berufe geworden ist.

Die Russen waren sprachlich genauer. Sie nannten und nennen Trinkgeld nicht Trinkgeld sondern Teegeld, und gaben damit das ihnen vorschwebende Getränk vor. Das ist auch in Ungarn der Fall. Hier heißt es Weingeld. In der Türkei geht es hingegen gar nicht ums Trinken, sondern ums Baden: Badegeld heißt es hier.

Die Grenze zwischen Trinkgeld und Bestechung war und ist immer noch fließend. Interessant ist der Begriff in den arabischen Ländern. Dort heißt es Bakschisch – und hier wird dann auch sprachlich klar, dass das „Trinkgeld"-Geben auch eine dunkle Seite hat. Denn Bakschisch hat zwei Bedeutungen: Trinkgeld und Bestechung.

International reden wir vom Tippen. Das hat nichts mit Glückspiel zu tun – obwohl richtiges Tippen oft Glücksache ist. Wieso es zu diesem Begriff kam, ist so unklar wie vieles andere in diesem Thema. Eine dieser Erklärungen lautet: „To Insure Promptness", also eine Abkürzung dafür, dass man schnell bedient wird oder zumindest schneller als solche Gäste, die den Obolus nicht entrichtet haben. Das wiederum deutet daraufhin, dass der Tip *vor* der Dienstleistung gegeben wurde. Würde sonst ja keinen Sinn machen. Hier sind wir also ganz nahe am Schmiergeld. Es gibt eine Reihe anderer Deutungen und Meinungen, aber die Promptness-Theorie hält sich hartnäckig.

Sicher ist, dass das Trinkgeld keine neue Erfindung cleverer zeitgenössischer Kneipiers oder Tourismusmanager ist, sondern auf eine lange Geschichte zurückblickt. Und die ist nicht immer schön. In der Antike war es durchaus nicht ungewöhnlich, sich mittels eines Trinkgeldes in einem Gasthaus ein Dienstmädchen für die Nacht kommen zu lassen. Solche Übereinkünfte – der Wirt bietet gegen ein Trinkgeld weibliche Dienstboten zum Sex an – finden sich auch noch in Berichten aus dem Berlin des ausgehenden 18. Jahrhunderts.

Weniger anstößig ist ein anderes Beispiel aus der Antike, nämlich das Trinkgeld für Boten, das sich durch das Mittelalter bis in die Neuzeit behauptete - und heute dem Paketboten von DHL oder UPS zu Gute kommt, der die im Internet bestellten Schuhe liefert.

Die wohl makaberste Form des Trinkgeldes war im Mittelalter gang und gäbe, nämlich das Trinkgeld für den Henker, damit der die Qualen abmilderte. „Für den Henker war das ein Teil seiner regelmäßigen Einkünfte", schreibt der Gießener Historiker Winfried Speitkamp in seinem Buch „Der Rest ist für Sie – Kleine Geschichte des Trinkgeldes" (Reclam).

Bei so vielen dunklen Seiten des Trinkgeldes wundert es nicht, dass es in vielen Ländern immer mal wieder Versuche des Gesetzgebers gab, Trinkgeld zu verbieten. Mal spielte eine Rolle, dass durch das Überreichen von Trinkgeld die Ehre der Empfängers verletzt werden könnte, mal spielte eine Rolle, dass Reisende nicht belästigt werden sollten. Und immer wieder ging es auch darum, dem Kellner oder dem Postboten ein angemessenes Einkommen zukommen zu lassen. Anstatt ihn mit einem kargen Lohn abzuspeisen und anzunehmen, durch üppig fließende Trinkgelder werde die schlechte Bezahlung hinreichend aufgebessert.

In der heutigen Trinkgeld-Hochburg USA waren in mehreren Staaten über Jahre hinweg Trinkgelder vom Gesetzgeber verboten, sowohl das Nehmen als auch das Geben. In Deutschland versuchte Anfang des 20. Jahrhunderts eine Anti-Trinkgeld-Liga, die sich die Gedanken des Göttinger Jura-Professor Rudolf von Jhering aneignete, das Trinkgeld abzuschaffen.

Dem Juristen ging es dabei nur am Rande um Rechtsaspekte. Es ging ihm viel mehr um ethische und moralische Fragen. Trinkgeld zu geben sei egoistisch, denn der

Geber strebe damit immer einen Vorteil für sich an. Andererseits handele es sich aus Sicht des Trinkgeldnehmers um organisierte Bettelei. Das führe zur eigenen Demütigung und falscher Freundlichkeit.

Der Professor Rudolf von Jhering, ein feuriger Gegner der „Unsitte Trinkgeld", sah in seinem Aufsatz von 1882 die Wurzel des Übels im Mittelalter, als Kaufleute Wegelagerer mit Geld friedlich stellten. Genau so sei es heute, also ausgangs des 19. Jahrhunderts, in den Gasthöfen. Man müsse mit offener Grobheit rechnen und mit Frechheit, so man kein Trinkgeld gebe. Tatsächlich musste der Gast, der damals kein Trinkgeld gab, damit rechnen, beim Verlassen des Hotels bei einer Art Spießrutenlauf angepöbelt zu werden. Die, die da pöbelten, lebten oft ausschließlich vom Trinkgeld.

Die Liga blieb erfolglos, das Trinkgeld griff weiter um sich, führte vielfach zu Unstimmigkeiten und Ärger vor allem in der Hotellerie, da immer mehr Beschäftigte immer mehr Trinkgeld verlangten. Und dieses Verlangen kam mitunter auch mit Drohungen und Nötigungen einher, wenn das Trinkgeld nicht in gewünschter Höhe floss. In der Weimarer Zeit gab es weitere Versuche zur Abschaffung des Trinkgeldes und auch punktuelle Verbote, doch am Ende erneut vergebens. Im Dritten Reich wurde das Thema aus allen Benimmregeln ausgeklammert, ähnlich verhielt es sich in der DDR. Niemand wollte sich an dem Thema die Finger verbrennen. Auch in der Bundesrepublik floss das Trinkgeld weiter, wo der Gesetzgeber allerdings

1976 einen „Inklusivpreis" in der Gastronomie vorschrieb, um dem Geben von Trinkgeld Einhalt zu gebieten. Ob Gesetze, Forderungen oder Empfehlungen - es half alles nichts. Das Trinkgeld floss immer weiter. Warum auch immer.

Sei es wie es sei: Das Tippen ist aus unserer Kultur, sowie aus den meisten anderen Kulturen, nicht mehr wegzudenken. Niemandem wird es auf Sicht gelingen, es abzuschaffen. Im Gegenteil: Kulturen, die bis vor kurzem noch frei vom Tippen waren, laufen mehr und mehr über zur Trinkgeldfraktion.

Und wenn es nun schon mal so ist, dann sollten wir es richtig machen. Richtig heißt in diesem Fall nicht unbedingt, die Konventionen in diesem Bereich peinlich genau zu beachten. Richtig soll hier heißen: Machen wir es so, dass wir uns wohl dabei fühlen – oder zumindest nicht unwohl.

Trinkgeld - warum eigentlich??

„Über die Qualität des Essens wird selten die Wahrheit gesagt."

Der Soziologie-Professor Christian Stegbauer, Frankfurt 2018

Ein Trinkgeld für eine erbrachte Dienstleistung zu geben, zumal wenn sie gut war, gilt den meisten als selbstverständlich. Als nette und angemessene Geste. Umgekehrt betrachtet: Kein Trinkgeld zu geben, das gilt als unangemessen, als gar nicht nett, als geizig. Und dafür möchte kaum jemand gehalten werden. Also tippt man, fast überall auf der Erde und immer mehr.

Es gibt Ausnahmen. Da war dieses Ehepaar auf einem teuren Kreuzfahrer, das sich bei der Ausschiffung von seiner Kabinenstewardess mit den Worten verabschiedete: „Sie wundern sich vielleicht, dass Sie kein Trinkgeld kriegen. Aber vom Geldausgeben sind wir nicht so reich geworden, dass wir uns dieses Schiff leisten können." Die Stewardess erinnerte sich noch 25 Jahre später an diese Situation und das geizige Paar, dem es ganz offensichtlich nichts ausmachte, provokativ geizig und unsympathisch aufzutreten.

Den meisten Menschen aber ist es nicht egal, wenn abfällig über sie gedacht oder geredet wird, wenn sie den

Eindruck von Geizhälsen hinterlassen. Sie möchten das Gegenteil. Deswegen tippen sie. Für diese These spricht auch, dass das Trinkgeld in den allermeisten Fällen erst *nach* der erbrachten Leistung übergeben wird. Und oft genug geschieht das auch in solchen Fällen, in denen der Trinkgeldgeber mit ziemlicher Sicherheit nie mehr wieder auf den Trinkgeldnehmer treffen wird. Der Trinkgeldgeber hat also keinen konkreten Nutzen von seiner Generosität. (Zu den Ausnahmen des durch und durch egoistischen Vorher-Tippens kommen wir später.)

Einer, der sich besonders intensiv mit dem Thema Trinkgeld auseinandergesetzt hat, ist der bereits erwähnte Gießener Historiker Winfried Speitkamp. Er kam bei seinen Forschungen zu dem Ergebnis, historische Erklärungen des Phänomens suche man vergebens. Vielleicht sei das Thema „einfach zu selbstverständlich".

Der Kolumnist und Autor Rainer Erlinger nahm in der Süddeutschen Zeitung eine andere Position ein: Trinkgeld sei in einer demokratischen Gesellschaft etwas Unwürdiges. Es sei absurd, dem Paketboten ein oder zwei Euro zu geben. Stattdessen müsste das Porto so bemessen sein, dass die Bezahlung für den Lebensunterhalt des Boten ausreiche. Wer Trinkgeld gebe, der trage zur Erhaltung dieser unwürdigen Situation bei.

Wer nun allerdings beabsichtigt, künftig generell kein

Trinkgeld mehr zu geben und dies mit seiner demokratischen Gesinnung begründen will, tut sich vermutlich keinen Gefallen. Er wird schlicht als Geizhals den Ort des Geschehens verlassen und auch niemals vom Bundespräsidenten für seine Bemühungen um Erhalt und Festigung der Demokratie geehrt werden.

Letztlich geht es beim Motiv des Tippens vorwiegend um die Konvention. Denn die meisten Menschen geben ein Trinkgeld, auch wenn sie nicht besonders zufrieden waren. Eine Untersuchung des Frankfurter Soziologen Professor Christian Stegbauer ergab, dass Gäste beim Tippen mit ihren Bedienungen kaum über die Leistungen der Küche sprechen. Stegbauer: „Selten wird da die Wahrheit gesagt." Das bestätigt im Kern mehrere Untersuchungen, die zu dem Ergebnis kamen, dass es kaum Zusammenhänge gibt zwischen der Trinkgeldhöhe und der Qualität des Services und der Gesamtzufriedenheit. Selbst wer unzufrieden ist, hinterlässt meist ein Trinkgeld, vielleicht nicht ganz so üppig. Man möchte eben nicht negativ auffallen. Eher kommt man nicht mehr wieder.

Eine weitere Erklärung, neben der Konvention, ist eine psychologische: Ich bin in diesem Spiel der Herr. Ich kann es mir leisten. Ich bestimme mit, wieviel Du verdienst. Um eben diesen Eindruck nicht zu erwecken, ist es so wichtig, ein Trinkgeld nicht hochnäsig, nicht ostentativ und ohne protzige Geste zu übergeben.

Was machen Profis im Restaurant? Warum und wann

tippen die? Anton Pichler führt seit 15 Jahren als Direktor das Hotel Adler Thermae in der Toskana. Er propagiert eine klare Haltung: Tippen sollte immer eine Anerkennung sein. Deshalb solle der Gast – jedenfalls wenn die Bedienung im Preis enthalten ist – nur bei besonderer Leistung tippen. Pichler: „Routine-Tipping ist keine Anerkennung. Der Gast sollte sich fragen, warum gebe ich jetzt Trinkgeld? Tat der Kellner nur seinen Job, oder war das eine besondere Leistung?"

Der Koch bleibt besser in der Küche

„Wir geben keine Empfehlungen."

DEHOGA-Bundesverband

„Mit fünf bis zehn Prozent fährt man ganz gut."

Gewerkschaft NGG

Am häufigsten dürften die meisten Menschen bei Restaurantbesuchen tippen. Viele Möglichkeiten also, etwas – tatsächlich oder nur scheinbar - falsch zu machen. Aber wer sagt, was richtig ist? Fragen wir eine Institution, die es wissen muss, nämlich den Deutschen Hotel- und Gaststättenverband e.V. (DEHOGA) mit der Bundeszentrale in Berlin. Hier die Antwort: „Trinkgelder sind ein freiwilliges Dankeschön der Gäste für guten Service der Mitarbeiter." Okay, das wussten wir schon. Und weiter? „Der Gast entscheidet, wann er ein Trinkgeld gibt und wenn ja in welcher Höhe." Ja, auch das hatten wir nicht anders vermutet. Aber was ist denn nun richtig, was entspricht der Konvention? Antwort: „Der DEHOGA-Verband gibt hier keine Empfehlungen".

Versuchen wir es anders, tasten wir uns heran. Der allgemein bekannte Ratschlag, in deutschen Restaurants, Kneipen und Cafes Trinkgeld in Höhe von so ungefähr zehn Prozent der Rechnungssumme zu geben, ist ein guter erster Anhaltspunkt. Zumindest wird dem kaum jemand widersprechen. Dieser Ratschlag gilt für eine durchschnittlich hohe Rechnung und für den Fall, dass man mit der Qualität des Essens und der Getränke sowie dem Service zufrieden war – oder zumindest nicht unzufrieden.

Mehrere Faktoren können und sollten aber zu Korrekturen nach oben oder unten führen. Ist die Rechnungssumme besonders hoch – weil man zum Beispiel besonders üppig oder in einer größeren Gruppe gegessen und getrunken hat – können auch fünf Prozent durchaus noch angemessen sein. Ist die Rechnungssumme eher gering und deutlich unterdurchschnittlich, können es bis zu 20 Prozent sein. Mehr zu geben, kann allerdings peinlich sein und den Anschein von Geltungssucht hervorrufen. In ausländischen Ratschlägen bezüglich des Trinkgeldes in Deutschland findet man übrigens häufig die Spanne von fünf bis zehn Prozent.

Alle Prozentrechnereien sollen allerdings nicht bedeuten, mathematisch genau vorzugehen. Wer bei einer Zeche von 18 Euro genau um zehn Prozent auf 19,80 Euro aufrundet, dürfte sich schräge Blicke einhandeln. Umgekehrt wird es niemanden irritieren, bei beispielsweise 18,40 Euro Zeche auf 20 Euro aufzustocken – und damit rechnerisch doch deutlich unter zehn Prozent zu bleiben. Auf- und Abrunden bietet sich also an, allzu krumme Beträge haben etwas Spießiges. Wobei man in Grenzfällen eher aufrunden sollte, um nicht als kleinlich zu gelten. Wer für 49 Euro isst und trinkt, kann bei guter Leistung kaum mit einem 50-Euro-Schein bezahlen, ohne als Geiz-hals angesehen zu werden.

Ein Grund, nach unten zu korrigieren, kann natürlich auch Unzufriedenheit sein – mit dem Essen, den Geträn-ken, mit dem Service, mit der Klimatisierung, mit dem Platz direkt am Besteckkasten, mit dem Gekeife unter dem Personal, es gibt viele Gründe. Hier stellt sich je nach Ausmaß der Enttäuschung auch die Frage, überhaupt ein Trinkgeld zu geben. Laut dem Trinkgeld-Knigge knigge.de „können und sollten Sie, ganz ohne Gefahr zu laufen einen Fauxpas zu begehen, auf ein Trinkgeld verzichten." Knigge empfiehlt in diesem Fall, die Kritikpunkte sachlich und konstruktiv vorzutragen.

Das kann man auch anders sehen. Verhalte ich mich wie empfohlen, kommt es möglicherweise zu jenen unan-genehmen Situationen, in denen dann – Achtung, es folgt ein Klischee - der besonders kräftig gebaute Koch an den Tisch kommt, sich zu seiner vollen Größe aufrichtet und allgemein vernehmlich mit sonorer Stimme verkündet, dass ich der erste Gast in der 40jährigen Erfolgsgeschichte der Örtlichkeit bin, der sich jemals darüber beschwert hat, dass die Suppe versalzen war. Der Gast wird zum Mittel-punkt des allgemeinen Interesses und gerät in eine Vertei-digungshaltung.

Das ist nicht jedermanns Sache. Für die meisten ist der Abend dann gelaufen. Viele Menschen scheuen die Konfrontation im Restaurant. Wer sein Gericht kaum angefasst hat, dem dürfte es nicht geschmeckt haben. Dennoch erklären dann viele Gäste, es sei „einfach zu viel gewesen".

Erinnern wir uns: Es geht darum, sich beim Tippen (und eben auch beim Nichttippen) wohl zu fühlen – oder doch zumindest nicht unwohl. Wer eine solche Situation durchstehen will und weiß, dass er sich nicht noch Stunden oder sogar Tage danach ärgert, der soll es mit klaren Worten tun wie Knigge es empfiehlt. Wessen Fall das aber nicht ist, der möge zahlen, ein kleines Trinkgeld geben oder keines, schweigen und gehen – und nie mehr wieder kommen. Denn es lohnt sich vielfach nicht, im Restaurant Diskussionen anzufangen, die mitunter recht schnell vom Kellner an den Koch delegiert werden. Das kann ein fragwürdiges Vergnügen sein.

Folgende Szene ist wirklich passiert: Acht gut gelaunte junge Frauen gehen in einem norddeutschen Lokal mit mittlerem Preisniveau essen. Eine bestellt einen Salat mit Putenfleisch. Das Fleisch ist noch halb roh. Sie lässt es zurückgehen, freundlich. Der Teller kommt zurück, das Fleisch ist noch genauso roh wie vorher. Ganz offensichtlich wurde nichts damit getan. Die Frau reklamiert erneut beim Kellner, nicht mehr ganz so freundlich. Jetzt kommt der Koch angerauscht, sichtbar in Rage, schnappt sich den Teller, fingert ein Stück Pute aus dem Salat, hält es der

Frau vor die Nase und fragt, was es daran zu meckern gebe. Ein Wort gibt das andere. Da ruft der Koch: „Was Sie brauchen, das ist mal ein richtiger Puter!"

Dass es nicht zu Handgreiflichkeiten kam, grenzte an ein Wunder und ist wohl im Wesentlichen der Fassungslosigkeit der Gäste zu verdanken. Merke: In der Krise bleibt der Koch besser in der Küche.

Zurück zum Trinkgeld und dessen möglicher Minimierung, wenn man unzufrieden war. Wichtig ist, dass Sie in kritischen Situationen nicht auch noch mit Partner, Partnerin, Bekannten, Geschäftsfreunden, Mutter oder Vater in Streit geraten. Es sollte klar sein: Wer die Zeche zahlt, der entscheidet auch über das Trinkgeld. Punkt.

Dieser kleine Rat kommt nicht von ungefähr. Es gibt sogar eine Doktorarbeit, der die Beobachtung von Ehepaaren in der Gaststätte zugrunde lag, dass Paare häufig in Streit geraten, wenn es um die Höhe des Trinkgeldes geht. Oft wolle der weibliche Part mehr geben als der männliche, so lautete die zu belegende These. Die angestellten Untersuchungen konnten diese Vermutung allerdings nicht bestätigen, das Gegenteil kam heraus. Männer gaben mehr als Frauen. Allerdings sei noch angemerkt, dass die Untersuchung nicht so viele Fälle umfasste, dass sie als repräsentativ einzustufen wäre.

Ein anderes Ergebnis dieser Untersuchung war, dass die große Mehrheit eher die Qualität des Services, also nicht die des Essens oder der Getränke, zum Maßstab des Trinkgeldes machte. Dabei ist Unaufmerksamkeit der Bedienung gegenüber einem Gast ein besonders wichtiges Kriterium, kein oder wenig Trinkgeld zu geben. Niemand will eben längere Zeit unbeachtet bleiben, vor allem, wenn er deutliche Zeichen gibt, dass er etwas bestellen oder bezahlen will.

Die Gewerkschaft NGG Nahrung-Genuss-Gaststätten springt allerdings in diesem Punkt den Kellnerinnen und Kellnern bei. Der Referatsleiter für das Gastgewerbe, Christoph Schink, wirbt dafür, die Anstrengungen dieses Berufes nicht zu unterschätzen. Er selbst sei leidenschaftlicher Trinkgeldgeber, wenn er zufrieden sei. Und leidenschaftlicher Nicht-Trinkgeldgeber, wenn er unzufrieden sei. Auf die Höhe von Trinkgeldern angesprochen, betont auch er zunächst, dass Trinkgeld eine freiwillige und persönliche Angelegenheit sei. Einen Rechtsanspruch gebe es nicht. Bei Nachfragen kommt er aber aus der Deckung: „Mit fünf bis zehn Prozent fährt man in Deutschland ganz gut".

In manchen besseren Restaurants übergeben Sie Ihre Garderobe einer Garderobiere. Sie müssen nicht tippen. Allerdings werden Sie mitunter eine Schale sehen, in der sich hohe Münzen und auch Papiergeld befinden. Die Botschaft ist klar: Ein Trinkgeld wäre nett. Lassen Sie sich nicht allzu sehr beeindrucken von den Scheinen, die natürlich zum höheren Tippen animieren sollen. Allgemein üblich sind ein bis zwei Euro pro Mantel – je nach Situation und Preisklasse des Restaurants.

Treffen Sie in einem Restaurant auf eine Toilettenfrau oder einen Toilettenmann sind 50 Cent bis ein Euro die richtige Wahl.

Wenn es mal schwierig wird

„Hier sind mindestens zehn Prozent üblich."

Unzufriedener Keller beim vermeintlichen Edelitaliener

Sie sitzen mit Ihrer Freundin bei einem Edel-Italiener in einer deutschen Großstadt. Teuer. Hohe Promidichte. Da musst Du erstmal einen Platz kriegen! Wie beim Borchardt in Berlin. Wo der Schröder immer hinging. Hammer-Location hier. Und das Essen? Zum Niederknien!

Die pikanten Spaghettini sind zwar Spaghetti, und pikant sind die in ihrer Sahnesauce auch nicht, eher etwas lasch das Ganze, aber gut, mit viel Salz geht es ja. Und der Service passt so gar nicht ins Bild. Man will ja nicht meckern, aber erst dauert es unendlich lange, bis sich jemand herablässt, nach Ihrem Aperitif-Wunsch zu fragen, dann dauert es nochmal lange, bis der Drink kommt, dann kommt zweimal das falsche Essen („Also jetzt sagt Ihr Zwei mir doch mal ganz genau, was habt Ihr eigentlich bestellt?"), und dann sitzen Sie gefühlt stundenlang vor leeren Gläsern, bis Sie gefragt werden, ob Sie noch ein Dessert, einen Wein oder einen Espresso möchten. Aber cool war es schon. Am Nebentisch saß doch der Dingsbums. Wie heißt der noch? Egal, aber die Leute im Internet hatten schon irgendwie Recht, als sie schrieben, der Service sei suboptimal gewesen. Unter aller Sau, hat sogar einer geschrieben. Stimmt irgendwie.

Die Rechnung kommt erst nach der vierten Bitte. Sie lautet über 160 Euro für Sie und Ihre Freundin. Nun denken Sie nach, denn Sie haben ja mal ein Buch über Trinkgeld gelesen. Sie finden zehn Euro adäquat. Denn erstens ist das in der Range von fünf bis zehn Prozent, zweitens kann man bei höheren Rechnungen eher Richtung fünf gehen als Richtung zehn, und drittens war der Service nun wirklich schlecht. Eigentlich muss man da ja gar nicht tippen. Aber na ja, Ihre Freundin mag es eben nicht, wenn Sie im Lokal Diskussionen anfangen. Also Kreditkarte in das Ledermäppchen mit der Rechnung und zehn Euro Cash dazu.

Der Kellner kommt, guckt sich das an und sagt folgendes: „Hier sind mindestens zehn Prozent Trinkgeld üblich, nicht fünf oder so." Du jämmerliches, geiziges Würstchen, funkelt es begleitend aus seinen Augen.

Ist exakt so passiert. Und nun sitzen Sie da. Mit Ihrer Freundin. Was um alles in der Welt tun Sie jetzt?

Ziemlich einfach ist der Rat, was Sie nicht tun sollten. Sie packen jetzt keinesfalls noch einen Zehner drauf. Das hieße ja, einer unfassbaren Frechheit zum Erfolg zu verhelfen. Das will auch Ihre Freundin nicht. Die will auch kein Weichei.

Option zwei: Sie verlangen nach dem Oberkellner, Geschäftsführer, Inhaber und fangen ein Palaver an. Lassen Sie es stecken. Der Chef des unverschämten Kellners wird nicht Ihre Partei ergreifen. Das weiß der Kellner, sonst würde er nicht so über die Stränge schlagen. Option drei: Sie sagen etwas Schlaues, etwa: „Ich habe bisher gedacht, Trinkgeld in Deutschland sei eine freiwillige Sache." Da wird der Kellner etwas antworten wie, Sie befänden sich schließlich nicht in Ihrer Eckkneipe. Sondern bei einem der besten Edelitaliener der Stadt.

Am besten lassen Sie sich das Mäppchen zurückgeben, entfernen den Zehner daraus und reichen es zurück. Gerne auch wortlos.

Die dienstbaren Geister im Hotel

„Geben Sie dem Mann am Klavier noch ein Bier, noch ein Bier."

Veralteter Rat von Paul Kuhn

Hotels und Trinkgelder – das hat eine lange Tradition. Um 1900 waren in einem Luxushotel beim Auschecken unübersehbar viele Beschäftigte zu tippen. Für bis zu zehn verschiedene Bedienstete war Trinkgeld fällig, selbst wenn sie nichts direkt für den Gast getan hatten. Damals gab es allerdings auch noch Liftjungen und andere Berufe, die im Laufe der Zeit entfielen. Sie alle nahmen Aufstellung, wenn der Gast das Haus verließ, und erwarteten ein Trinkgeld. Funktionierte das nicht, konnte es schon mal sein, dass mit dem Einbehalten des Gepäcks gedroht wurde. Das Ganze hatte etwas von organisierter Erpressung.

Heute ist das, von Ausnahme-Exzessen abgesehen, dazu kommen wir später noch, etwas überschaubarer. Dennoch treffen Sie auch heute noch im gehobenen Hotel auf eine ganze Reihe dienstbarer Geister, so dass Sie stets ein paar passende Münzen und Banknoten greifbar haben sollten. Es beginnt in der Regel mit den Gepäckträgern, für die ein bis zwei Euro pro Gepäckstück bei An- und Abreise eine ungefährer Anhaltspunkt sind. Hat der Concierge Ihnen eigentlich ausverkaufte Opernkarten beschafft, freut er sich über zehn Euro. Der Zimmerservice sollte pro Lieferung in guten Hotels laut Knigge zwei bis fünf Euro bekommen.

Etwas komplizierter wird es beim Reinigungspersonal. Bei einem kurzen Hotelaufenthalt bekommt der Gast das Zimmermädchen oder deren männliche Entsprechung meist nicht zu sehen. Die meisten Empfehlungen lauten, bei einem kurzen Aufenthalt ein bis zwei Euro pro Nacht an Trinkgeld zu geben. Dabei spielt sicher auch die Preisklasse des gewählten Hotels eine Rolle. Im 5-Sterne-Bereich einen Euro pro Nacht zu spendieren, gilt als eher knickrig. Bei längeren Aufenthalten, so sagt die Etikette-Beraterin Karin Schleines, seien für die Zimmerreinigung zehn Euro pro Woche angemessen. Am besten stecke man das Geld in einen Umschlag und bedanke sich schriftlich beim Zimmermädchen. Ob mit dem Trinkgeld für das Zimmermädchen immer ein schriftlicher Dank im Briefumschlag zu verbinden ist, sei dahingestellt. Wer sein Zimmermädchen kennt und in einem längeren Urlaub mehrfach sieht, der kann auch das Trinkgeld mit ein paar Dankesworten übergeben.

Häufig wird das Trinkgeld für das Zimmermädchen auf dem Kopfkissen hinterlassen, als Zeichen dafür, dass der Gast das Geld nicht verloren hat, sondern dass es sich um ein Trinkgeld handelt. Bei einem unüblich großen Betrag sollte man aber auf jeden Fall einen Zettel hinzufügen und klarmachen, dass es sich tatsächlich um ein Trinkgeld handelt. Ansonsten stürzt man den Empfänger unnötig in Verwirrung. Der hat möglicherweise Sorge, das Trinkgeld anzunehmen, weil es vielleicht gar keines ist. Es sind auch Fälle bekannt geworden, in denen zwischen der Abreise des Gastes und dem Eintreffen des Zimmermädchens andere das Geld vom Kopfkissen abgesammelt haben. Sicherer ist also immer die persönliche Übergabe.

Im Hotel-Restaurant haben sich dieselben Konventionen etabliert wie in einem Restaurant außerhalb des Hotels. Bleibt noch die Frage: Tippen auch beim Frühstück? Die klare Antwort ist nein. Das ist unüblich; es gibt auch keine Erwartungshaltung des Personals. Wobei es natürlich auch hier jedem Gast offen steht, ein Trinkgeld zu geben, wenn er sich besonders gut umsorgt gefühlt hat.

Auch gehen mehr und mehr Hotels dazu über, dem Gast eine Möglichkeit einzuräumen, an der Rezeption eine Anerkennung für das gesamte Team zu hinterlassen. Das ist nicht immer ersichtlich, weil mancher Hotelier nicht in den Verdacht geraten möchte, er fordere zum Geben von Trinkgeld auf. Aber danach zu fragen, ist ja für den Gast kein Problem.

Dann wären Sie auch gleich der Frage entledigt, ob die Rezeptionistin zu tippen ist, die Sie ins Zimmer geleitet und Ihnen dort die Elektrik erklärt - was in einigen Fällen ja ganz hilfreich ist. Nein, sagen die Experten, nicht tippen.

Ach ja, dann haben wir da noch den Mann am Klavier. Da gab es vor vielen Jahren mal einen Ohrwurm von Paul Kuhn: „Geben Sie dem Mann am Klavier, noch ein Bier, noch ein Bier…" Nein, das wäre blöd. Der Mann am Klavier wird getränketechnisch schon vom Hotel versorgt. Ein Trinkgeld ist meist auch unpassend, es sei denn, er spielt keine Hintergrund- sondern Tanzmusik und hat Ihnen und Ihrem Partner Ihre abgedrehtesten Wünsche erfüllt. Allerdings sollten Sie dann auch ein Trinkgeld für die anderen Gäste in Erwägung ziehen.

Bei längerem Urlaubs-Aufenthalt

Längere Aufenthalte in einem besseren Hotel, in dem man auch Halb- oder Vollpension gebucht hat, können eine Herausforderung sein. Folgt man der Konventionen, sind die Kofferträger zu tippen, das Zimmermädchen, die Kellner, der Oberkellner, der Barmann. Mitunter kommt noch der Concierge dazu, vielleicht die Rezeption, das Personal im Wellness-Bereich und, und, und.

Da kommt nicht nur einiges zusammen, sondern es macht auch irgendwann keinen Spaß mehr, vor allem dann, wenn Sie wissen, dass die Kellner wechseln, ebenso wie die Zimmermädchen und andere. Sie können nun anfangen, täglich zu tippen, um eine Art gerechte Trinkgeldverteilung hinzukriegen. Aber was heißt gerecht? Was ist mit den Köchen? Kriegen die was vom Kellner ab? Und die

Gartenanlage ums Haus war wirklich toll gepflegt. Kommen Sie da auf die Idee, die Gärtner zu tippen? Tippen Sie wirklich die, die Ihren Aufenthalt so angenehm gemacht haben oder tippen Sie die, von denen eine Konvention erwartet, dass Sie sie tippen?

Deswegen noch einmal der Tipp, fragen Sie an der Rezeption, ob Sie dort für alle tippen können. Das erleichtert die Sache ungemein. Und wenn Sie dann im Wellness-Bereich die Massage Ihres Lebens bekommen haben, dann können Sie dem Masseur immer noch etwas geben.

Hitzig diskutiert: Tippen auf Schiffen

„Ein Trick der Reedereien, die anständige Bezahlung ihrer Mitarbeiter auf den Kunden abzuschieben."

Der Kreuzfahrtexperte Franz Neumeier über sogenannte Zwangstrinkgelder an Bord

Die Zahl der Kreuzfahrtpassagiere hat sich weltweit von 2007 bis 2017 auf 25,8 Millionen fast verdreifacht. Weltmeister sind mit großem Abstand die US-Amerikaner. Aber in Europa steigen die Zahlen auch immer weiter. Hier waren es 2017 schon 6,9 Millionen Passagiere, und auf Rang eins finden sich mit 2,2 Millionen Passagieren die Deutschen, gefolgt von den Briten mit 1,95 Millionen Seefahrenden.

Das bringt einerseits Wachstum und Wohlstand für die Industrie und deren Beschäftigte, andererseits nehmen auch die Probleme zu, wie etwa die Luftverschmutzung in den Hafenstädten oder die Belastung von Kreuzfahrtzielen mit Schiffen und Besuchern bis zum Infarkt, wie etwa in Venedig. Aber welches Thema war und ist immer noch das am heißesten diskutierte unter den Kreuzfahrern? Richtig, das Thema Trinkgeld an Bord. Auf entsprechenden Internetforen geht der Meinungsaustausch unter Kreuzfahrern über das sogenannte „Zwangstrinkgeld" oft so weit, dass nicht mehr viel zur förmlichen Beleidigung fehlt.

Hintergrund ist die Praxis einiger Reedereien, Trinkgelder mehr oder weniger zwangsweise einzutreiben, indem sie in einer vom Veranstalter vorgegeben Höhe auf die Bordrechnung gesetzt werden. Die Summe variiert und wird vor allem von den beiden Stellschrauben Schiffsklasse und Kabinenkategorie beeinflusst. So werden Trinkgelder pro Person und Tag eingezogen, die zwischen fünf und 22 Euro liegen. Das bedeutet, dass eine 14tägige Kreuzfahrt mit zwei Personen in einer Kabine schnell mal 500 Euro teurer werden kann als zunächst erwartet.

Die meisten Reedereien mit „Zwangstrinkgeld" versichern, dass dieses Geld tatsächlich Kellnern, Zimmermädchen und anderen im Service Beschäftigten nach einem festgelegten Schlüssel zufließt. Für einen Amerikaner ist das alles nicht ungewohnt. Er weiß von seinem Steakrestaurant zuhause, dass der auf der Speisekarte ausgewiesene Preis nicht der Endpreis ist, sondern dass (neben Steuern) auch noch ein Bedienungsgeld dazu kommt. Für viele deutsche Gäste ist es aber offensichtlich eine Zumutung. Sie sind es gewohnt, das Geben von Trinkgeld als freiwillige Leistung zu sehen und die zu tippen, die sie tippen wollen. Daraus ergeben sich regelmäßig Konflikte.

In den Allgemeinen Geschäftsbedingungen einiger Reedereien, in der Regel sind das amerikanische, heißt es, wer am Ende der Reise unzufrieden mit dem Service gewesen sei, könne das automatisch in der Bordrechnung ausgewiesene Trinkgeld stornieren. Es mag für deutsche oder europäische Gäste nicht immer sofort ersichtlich sein, aber wer das Trinkgeld storniert, der trifft damit ja nicht nur den ein- oder zweimal schlecht gelaunten Kellner sondern die gesamte Crew, auch die zum Beispiel die, die den Pool sauber halten oder die Koffer schleppen. Dass mitunter seitens des Veranstalters zusätzlicher Druck ausgeübt wird, macht die Stimmung nicht besser: Da wird dem stornierungswilligen Gast gerne mal klar gemacht, dass sich nun alle Crewmitglieder, mit denen der Gast in Berührung kam, bei ihren Vorgesetzten für den „schlechten Service" rechtfertigen müssen. Man mag das glauben oder es sein lassen. Ausschließen kann man es nicht.

Aber ist das System wirklich so schlecht? Wer sich 14 Tage auf einem Schiff bedienen lässt, der gibt in aller Regel ohnehin Trinkgeld, das in der Summe sicher nicht allzu weit entfernt ist vom „Zwangstrinkgeld". Und wer mit der Gesamtleistung zufrieden war, der hat seine Zufriedenheit auch vielen dienstbaren Geistern zu verdanken, mit denen er nicht unmittelbar täglich zu tun hatte und die sicher auch ein Trinkgeld verdient haben. Ein weiterer Vorteil ist, dass man sich nicht ständig einen Kopf machen muss, wann wer welches Trinkgeld bekommen sollte. Natürlich hat auch die Reederei Vorteile. Sie erhebt Zwangstrinkgelder nicht etwa aus Nettigkeit. Im Service Beschäftigte an Bord solcher Schiffe verdienen meist weniger. Das eigentliche Motiv aber dürfte sein, dass in den USA die Preise meist so gestaltet werden, dass nur der Grundpreis genannt wird, um möglichst den Eindruck eines Schnäppchens zu vermitteln. Der Kreuzfahrtexperte Franz Neumeier drückt es noch härter aus: „Es ist ein Trick der Reedereien, mit dem sie die anständige Bezahlung ihrer Mitarbeiter auf die Kunden abschieben." Dennoch plädiert Neumeier dafür, diese Trinkgelder zu bezahlen, damit die Crew nicht leidet.

Dieses Buch wurde geschrieben, um konkrete Vorgehensweisen zu empfehlen, auch wenn es mal schwierig wird. Hier ist eine solche Empfehlung: Wenn Sie einen Dampfer mit Zwangstrinkgeld buchen, dann akzeptieren Sie das. Sie wissen es ja vorher, verschweigen darf man es Ihnen nicht. Es steht irgendwo im Prospekt. Gehen Sie nicht an Bord mit dem Vorsatz, das Trinkgeld zu stornieren. Und stornieren Sie es auch dann nicht, wenn nur ein Einzelner Ihres Erachtens ein Trinkgeld nicht verdient hat. Das bringt nur Ärger und Stress für Sie, und völlig Unschuldige müssen darunter leiden. Wer diese andere, amerikanische geprägte Trinkgeld-Kultur nicht akzeptiert, der kann das ganz einfach umgehen und bucht ein Schiff ohne automatische Trinkgeld-Erhebung. Es gibt genug davon.

Bleibt noch zu klären, wie man sich auf einem Schiff verhält, das Trinkgelder nicht automatisch abbucht. Hier gibt es drei Kategorien: Solche Reedereien, die in Ihren Angeboten schreiben, das Trinkgeld sei inkludiert, solche, die konkrete Empfehlungen zum Trinkgeld geben aber es nicht zwangsweise einziehen und solche, die nichts zu dem Thema sagen außer vielleicht, dass ein mögliches Trinkgeld im Ermessen des Einzelnen steht.

Bei letzteren können Sie sich so verhalten, wie Sie es im Hotel oder Restaurant in Deutschland täten. Weniger als zwei Euro pro Nacht sollten es für das Zimmermädchen nicht sein. Beim Essen ist das Tippen schon etwas schwieriger, da es schon bezahlt ist. Zu zweit pro Abendessen fünf bis zehn Euro Tip zu kalkulieren, ist – wenn Sie zufrieden waren mit dem Service – zumindest auf besseren Schiffen eine Orientierungsmarke. Das muss natürlich nicht jeden Tag geschehen. Bei einer 14tägigen Kreuzfahrt bietet es sich unter Umständen an, zweimal eine größere Summe zu tippen, einmal in der Mitte der Zeit, ein zweites Mal am Ende.

Manche schwören auch hier darauf, am Anfang ordentlich Trinkgeld zu geben, wenn noch gar keine Leistung erfolgt ist, für die man sich bedanken könnte. In entsprechenden Internetforen sprechen diese Trinkgeld-Spezialisten ganz offen von „Bestechung" mit dem Ziel, besser bedient zu werden als andere. Wie schon früher erwähnt, gilt das als nicht stilvoll und wird möglicherweise sogar vom derartig Bestochenen als beleidigend angesehen. Bei Schiffen ohne Trinkgeldempfehlung kann in der Regel am Ende der Cruise auch die gesamte Crew getippt werden. Meist steht an der Rezeption eine Trinkgeld-Box, die nach einem festen Schlüssel unter den Crewmitgliedern aufgeteilt wird. Der Kapitän geht dabei leer aus und sollte auch nicht persönlich getippt werden...

Wenn kein Trinkgeld „zwangsweise" eingezogen wird, es aber dennoch eine konkrete Empfehlung gibt, macht es

Sinn, dieser Empfehlung mehr oder weniger zu folgen. Sie können das Trinkgeld am Ende der Fahrt entweder in einem Umschlag an der Rezeption übergeben oder dort ihre Kreditkarte entsprechend belasten lassen. Die meisten Empfehlungen lauten auf die Spanne zwischen fünf und zehn Euro pro Tag und Gast. Natürlich steht es Ihnen frei, einem Crewmitglied, das sich besonders reizend um Sie gekümmert hat, ein Extra-Trinkgeld persönlich zu übergeben.

Wenn Trinkgelder ausdrücklich im Reisepreis inkludiert sind, machen Sie sich keinen Kopf mehr. Sie müssen wirklich nicht tippen, und häufig unterstreicht das die Reederei mit dem Hinweis, es gebe an Bord auch keine entsprechende Erwartung. Dennoch fließen auch an Bord solcher Schiffe Trinkgelder, aber eben nur dann, wenn Sie es wirklich wollen und in der Höhe, die Sie wollen. Es gibt keine Verpflichtung und auch keine Konvention. Sie haben das Trinkgeld tatsächlich vorab mit dem Reisepreis schon bezahlt. Bei der Crew macht sich das in höheren Gehältern bemerkbar. Auf einem non-tipping Schiff ist Tippen immer eine Ausnahme und nie die Regel. Es kann Ihnen sogar passieren, dass der Barmann auf einem solchen Schiff ein Trinkgeld zurückweist und es erst dann annimmt, wenn Sie massiv werden. Wenn Sie auf einem solchen Schiff unbedingt tippen wollen, weil einfach alles stimmt, ist es eine gute Empfehlung, in die Crew-Kasse (crew fund) zu stiften. Aus dieser Kasse werden oft Anschaffungen vorgenommen, die der gesamten Crew in ihrer Freizeit zu Gute kommen. Vielfach werden daraus auch Crew-Partys finanziert.

Was Friseur, Masseur oder Kosmetikerin auf Schiffen angeht, bietet es sich an, etwa wie an Land zu tippen, falls keine Servicecharge schon auf der Rechnung ausgewiesen ist. Meist kann der Gast dann dennoch in der Spalte „zusätzliches Trinkgeld" einen Betrag eintragen, das muss aber keineswegs sein und sollte nur bei ganz besonders hoher Zufriedenheit mit vielleicht fünf Prozent geschehen.

Tippen in Taxi, Bahn und Flugzeug

„Du bist bestrebt, die maximale Servicequalität sicherzustellen."

Jobbeschreibung der Deutschen Bahn für Zugbegleiter (m/w)

Tippen in der Taxe: Zehn Prozent sind laut Knigge in Deutschland üblich. Bei besonders kurzen Fahrten kann der Fahrgast auch etwas großzügiger aufrunden. Aber auch hier sollte die Regel gelten: Trinkgeld gibt's nur, wenn der Fahrgast gut – oder wenigstens nicht schlecht - behandelt wurde. Wer nicht hilft beim Be- und Entladen von Koffern, wer fröhlich im Nichtrauchertaxi vor sich hinqualmt oder wer sein Taxi zu einer Rumpelkammer umfunktioniert hat, dem sollten Sie auch kein Trinkgeld geben.

Übrigens: Wer sein eigenes Taxi fährt, ist Unternehmer. Ein selbständiger Taxifahrer muss sein Trinkgeld also versteuern – im Gegensatz zu seinen angestellten Kollegen. Ob er es tut, soll aber nicht Ihre Sorge sein.

Bei der Deutschen Bahn gibt es eine kleine Besonderheit. In der guten alten Zeit gab man Zugschaffnern ein Trinkgeld, wenn man sicherstellen wollte, dass der Schaffner einem keine anderen Fahrgäste ins Abteil setzte. Solches heute zu versuchen, empfiehlt sich nicht mehr und macht angesichts bezahlter Sitzplatzreservierungen, nicht angezeigter Reservierungen sowie umgekehrter Wagenreihungen auch nicht mehr viel Sinn. Wer in einem erstrittenen Abteil keine Gesellschaft wünscht, verteidigt es heute selbst gegen verzweifelte Eindringlinge, die im Großraumwagen keinen Platz mehr gefunden haben.

Klar ist auch, dass der Schaffner, heute Zugbegleiter genannt, für die Ticketkontrolle kein Trinkgeld bekommt. Aber was ist, wenn der Kontrolleur etwas später den Kaffee an Ihren Platz bringt? Wenn Sie sich schon immer gefragt haben, ob die Rolle eines Kontrolleurs nicht im Konflikt steht mit der Rolle eines potenziellen Trinkgeldnehmers, dann machen Sie sich fortan keine Gedanken mehr darüber. Hier ist die Antwort der Deutschen Bundesbahn: „Schon seit Langem ist es in den Fernverkehrszügen der Deutschen Bahn an der Tagesordnung, dass auch Zugbegleiter unseren Fahrgästen in der 1. Klasse einen Kaffee am Platz servieren können. Das steht in keinem Zusammenhang mit der Fahrkartenkontrolle". Die Frage, ob die Bahn im Zusammenhang mit Trinkgeldern für Kontrolleure einen Verhaltenskodex habe, wurde nicht direkt beantwortet. Unterm Strich: Sie müssen keine Angst haben - wie etwa unter bestimmten Umständen bei einem Mitarbeiter der städtischen Müllabfuhr - in einen Bestechungsverdacht zu geraten, wenn Sie beim Bezahlen des Kaffees aufrunden. Im Speisewagen tippen Sie am besten wie im Restaurant.

Einfacher ist es im Flugzeug. Lassen Sie Ihre Geldbörse stecken. Auch wenn der Flug noch so ruhig und pünktlich war, der Rotwein mit einer Temperatur von über null Grad serviert wurde, das Essen schmackhaft war und die Stewardessen megafreundlich. Sie bringen die Damen und Herren in der Kabine nur in Verlegenheit. Sie dürfen in der Regel kein Trinkgeld annehmen. Wenn Sie wirklich etwas geben wollen, besteht bei manchen Fluggesellschaften die Möglichkeit, für ein Hilfsprojekt zu spenden. Dieses geht meist aus dem Bordmagazin hervor. Eine solche Spende sollten Sie bei der Übergabe aber ausdrücklich auf der Tonspur begleiten oder um einen Umschlag bitten und ihn entsprechend beschriften. Ein Lufthansa-Sprecher bestätigte, dass diese Möglichkeit von Gästen gerne wahrgenommen wird.

Vorher? Tippen beim Umzug

„Begrüßen Sie Ihr Team mit einem kleinen Frühstück."

Rat auf einer Umzugsplattform

Das Tippen bei Umzügen sei „eine knifflige Angelegenheit", heißt es auf der Umzugsplattform movinga. Einen Anspruch auf Trinkgeld gebe es nicht, dennoch sei ein Trinkgeld angebracht, da Umzugshelfer meist den unteren Einkommensschichten angehörten.

Erster Rat der Plattform: „Ein freundliches Arbeitsklima und Motivation in jeder Form trägt zu einem reibungslosen Ablauf des Umzuges entscheidend bei. Begrüßen Sie deshalb Ihr Team mit einem kleinen Frühstück." Angedeutet wird ferner, dass ein Trinkgeld schon vor der Arbeit von Vorteil sein könne.

Sollte der Umzuziehende auf ein Trinkgeld vor der Arbeit verzichtet haben, empfehle sich nach der Arbeit ein angemessenes Trinkgeld, dessen Höhe vom Einkommen und vom Grad der Zufriedenheit abhängig zu machen sei. Als Faustregel, so heißt es dort weiter, gelten zehn bis 20 Euro pro Umzugshelfer und Tag. Im Falle besonderer Erschwernisse, wie zum Beispiel einem Klaviertransport, könne man ja noch etwas drauflegen.

Ein Umzugsunternehmen empfiehlt tatsächlich bis zu fünf Euro pro Mann und Arbeitsstunde, ein anderes deutlich weniger, nämlich fünf bis zehn Euro pro Umzugshelfer am Tag. Einig sind sich alle nur darin, dass die Möbelpacker verköstigt werden müssen.

Tippen beim Umzug ist daher sicher in erster Linie eine Frage der persönlichen Einschätzung der Situation. Ein Umzug ist ja häufig mit einigem Stress und einiger Hektik verbunden. Wenn dann eine positive, muntere Truppe aufschlägt, ist man vielleicht so dankbar, dass man schon vorher tippt – oder eine erste „Anzahlung" vornimmt. Ansonsten ist es vielleicht ein vernünftiger Mittelweg, sich beim Catering nicht lumpen zu lassen aber die Trinkgelder erst später auszuhändigen und deren Höhe auch durchaus von der Leistung der starken Männer abhängig zu machen. Bei der Höhe des Trinkgeldes spielt aber wohl auch eine Rolle, ob man eine Zweizimmerwohnung an einer Ausfallstraße bezieht oder ein luxuriöses Penthaus mit Wasserblick.

Mit alten Knöpfen zum Friseur

„Keiner geht, ohne wenigstens so zu tun, als habe er ein Trinkgeld gegeben."

Eine Hamburger Friseurmeisterin

Friseure, Masseure und Kosmetikerinnen gehören neben Ärzten zu den wenigen, die der Mensch ganz nah an sich heranlässt. Und ähnlich wie bei Ärzten wechselt man deswegen nicht gerne und meist nur dann, wenn man unzufrieden war. Insofern darf davon ausgegangen werden, dass ein besonderes Vertrauensverhältnis besteht sowie eine gewisse Stabilität beim Trinkgeldverhalten.

In den meisten deutschen Friseursalons werden heute Sparschweine, Spardosen und Ähnliches am Tresen aufgestellt, markiert mit den Vornamen der Friseurinnen und Friseure. Das entbindet den Kunden einerseits von der manchmal ja etwas peinlichen persönlichen Übergabe des Trinkgeldes. Andererseits kann kaum jemand die Aufforderung zum Trinkgeldgeben beim Bezahlen an der Kasse übersehen und gehen, ohne etwas zu geben.

Dies führt mitunter zu einem bizarren Verhalten, weiß eine Hamburger Friseurmeisterin zu berichten: „Keiner geht, ohne wenigstens so zu tun, als gebe er ein Trinkgeld. Keiner will als geizig gelten. Da findet man dann Centstücke und manchmal sogar Knöpfe in der Spardose." Die

Vermutung ist, dass diese Fundstücke von Gelegenheitskunden stammen, die nicht die Absicht haben, zum Stammkunden aufzusteigen.

Die Einnahmen durch Trinkgeld sind bei Friseuren einerseits ein nicht unwesentlicher Bestandteil des Einkommens, andererseits ist dieser Teil extrem volatil. Am besten läuft's in den Wochen vor Weihnachten.

Wer beim Friseur von mehreren Mitarbeitern bedient wird und zufrieden mit dem Service war, kann entweder alle tippen oder die Teamspardose bestücken. Die empfohlene prozentuale Spanne richtet sich nicht nur nach Zufriedenheit sondern – ähnlich wie bei einer Restaurantrechnung oder eine Taxifahrt - auch nach Höhe der Rechnung. Bei einem preiswerten, guten Männerhaarschnitt kann es angemessen sein, auch über die zehn Prozent hinauszugehen. Bei einer aufwendigen Damen-Behandlung können auch fünf Prozent passen. Wer statt blond kupferrot gefärbt wird, hat aber sicher seine eigenen Maßstäbe.

Bei Kosmetikerinnen empfiehlt sich eine ähnliche Praxis. Das gilt auch für eine Massage in Hotel. Wer regelmäßig aus gesundheitlichen Gründen und auf Verordnung eine Massagepraxis besucht, wird wahrscheinlich nicht immer tippen. Ist es immer derselbe Masseur, bietet sich eine anerkennende Summe zu Weihnachten an. Oder ein Geschenk. Allerdings sollte man dem Geschenk nicht ansehen, dass es bereits mehrfach verschenkt wurde.

Verschlungene Wege

„Ein strategisches und mit den Beteiligten abgestimmtes Trinkgeld-Management ist vorteilhaft für alle."

Dirk Haupt, Betreiber der „Seekiste" in Sankt Peter-Ording

Wenn Sie ein Trinkgeld geben, wen meinen Sie dann damit? Die Bedienung? Die Bedienung und die Küche? Die Bedienung und die Küche und die Reinigungskräfte? Alle Antworten sind gut denkbar, nur eine nicht: Sie wollen wahrscheinlich nicht, dass der Chef, den Sie vielleicht noch nicht einmal kennen, zusätzlich zu seinem Gewinn noch ein Trinkgeld bekommt.

Nicht jeder, dem Sie ein Trinkgeld geben, hat etwas davon. In manchen Fällen müssen Kellner und Kellnerinnen ihr Trinkgeld dem Arbeitgeber aushändigen. In einem norddeutschen Badeort nähte der Inhaber eines Cafes die Taschen an den Schürzen der Bedienungen zu, damit kein bar gegebenes Trinkgeld dort hinein wandert. Alles abliefern, war die Devise.

In zahlreichen Fällen kassieren die Chefs erst einmal alles ein, um dann zu behaupten, sie würden es an alle Beschäftigten verteilen. Es sei ja nur gerecht, dass auch solche Mitarbeiter vom Trinkgeldaufkommen profitierten, die keinen direkten Gastkontakt hatten. Beim wahrscheinlich vorrangig vom Gast gemeinten Trinkgeldempfänger, dem Kellner, bleibt dann oft wenig. Ein Insider, selbst Inhaber einer Gaststätte, erzählt, dass so oft der Löwenanteil beim Chef selbst bleibt.

Der Deutsche Hotel- und Gaststättenverband sagt dazu auf Anfrage: „Wie in einem Betrieb mit Trinkgeldern umgegangen wird, bestimmt der Unternehmer." Verbreitet seien in der Gastronomie Regelungen, wonach Trinkgelder in eine Gemeinschaftskasse flössen. Die Gewerkschaft Nahrung-Genuss-Gaststätten sagt, eine Gemeinschaftskasse, von der nicht nur Kellner sondern auch andere Beteiligte wie etwa das Küchenpersonal profitierten, könne sinnvoll sein, solle aber mit allen abgesprochen werden.

Geld stinkt nicht – oder doch?

Das Management eines Berliner Kaufhauses zwang seine Toilettenfrauen, das Trinkgeld komplett abzugeben. Nach einem Bericht des Autors Günter Rohleder im Deutschlandfunk 2015 wurden Besucher der Toilette auf einem Schild um 50 Cent gebeten. Das Schild stand neben einer Untertasse, ganz so wie früher auf den Autobahntoiletten. Die beiden Toilettenfrauen im Rentenalter sagten dem Autor, nichts davon dürften sie behalten.

Das geschieht nicht selten und ist meistens nicht illegal. Denn oft handelt es sich hier formal nicht um Trinkgeld, sondern um ein Benutzungsentgelt desjenigen, der die Toilette betreibt. Der Toilettennutzer weiß es nur nicht und denkt, er gebe ein Trinkgeld. Tatsächlich bezahlt er aber dafür, die Toilette zu nutzen. Und derjenige, der am Ende kassiert, hat naturgemäß wenig Interesse daran, den Irrtum aufzuklären. Er mag sich auch berufen auf den römischen Kaiser Vespasian, der eine Latrinensteuer einführte. Seinem kritischen Sohn soll er entgegen gehalten haben, Geld stinke nicht: „Pecunia non olet."

Das mögen auch die Abort-Unternehmer gedacht haben, die sich in Berlin vor dem Sozialgericht verantworten mussten. Sie hatten ihrem Personal nicht den Mindestlohn für das Reinigungsgewerbe gezahlt. Ihre Argument: Die Kloputzerei sei ja nur eine Nebenbeschäftigung. Hauptbeschäftigung sei die Bewachung des Trinkgeldes. War aus ihrer Sicht wohl auch berechtigt, denn so ein öffentliches Klo kann mehrere 100 Euro am Tag abwerfen. Trotzdem wollte sich das Gericht diese Denke nicht zu eigen machen und verurteilte die Unternehmer.

Es gibt auch kluge Lösungen

Maike und Dirk Haupt betreiben in St. Peter-Ording ein weithin bekanntes, auf Stelzen am Nordsee-Strand stehendes Restaurant namens „Seekiste". Das Restaurant wird nur in der Saison zwischen Ostern und Oktober betrieben. Dann aber brummt es richtig, und alle müssen Schwerstarbeit leisten. Personal ist in solchen Umgebungen in der Regel schwierig zu bekommen und noch schwieriger für die nächste Saison zu halten. Nicht so für das Ehepaar Haupt. Warum?

Die Betreiber haben mit ihren Kellnerinnen und Kellnern folgendes vereinbart: Jeder von ihnen gibt 2,5 Prozent seines Umsatzes in einen gemeinsamen Topf. Das bedeutet, den Bedienungen bleiben nach vorsichtiger Berechnung immer noch mindestens 5 Prozent auf den Umsatz, meist aber einiges mehr. Die 2,5 Prozent werden ausgeschüttet für die Beschäftigten in der Küche und für das Reinigungspersonal.

Dirk Haupt: „Alle Beteiligten empfinden das als Win-Win-Situation. Seitdem haben wir ein echtes Team. Kein Koch lässt einen Kellner mehr auflaufen, wenn der etwas verbockt hat und hilft bereitwillig. Dadurch wird der Service noch besser. So haben alle was davon, bis hin zum Gast. Und wahrscheinlich fließt so auch noch etwas mehr Trinkgeld." Auf die Frage, ob auch das Betreiberehepaar von der 2,5-Prozent-Ausschüttung profitiert, wirkt der Chef fast ein wenig beleidigt: „Natürlich nicht". Sein Profit ergibt sich aus der Zufriedenheit des Personals.

Pizzen und Pakete – Tippen an der Türe

„Ich bin doch auch ein Kellner!"

Pizzabote

Einem Pizza-Boten kein Trinkgeld geben? Geht gar nicht. Passiert aber vergleichsweise häufig, wenn man durch die Internetforen zu diesem Thema stöbert. So geht aus den entsprechenden Diskussionen in einem Eltern-Forum hervor, dass manche nichts geben, die meisten Menschen aufrunden und fast niemand mit Restaurantmaßstäben an die Sache rangeht. Da stellt tatsächlich jemand die Frage, ob denn 20 Cent Tip reichen. Sicher. Aber nur, wenn man den Boten beleidigen will.

Ein Pizzabote schreibt in einem Zeitungsforum dazu folgendes: „Es ist völlig okay, wenn ihr mir kein Trinkgeld gebt, wenn ihr selbst nicht so viel Geld habt. Viele Kunden wissen aber angeblich nicht mal, dass das dazu gehört. Dabei bin ich auch nichts anderes als ein Kellner, der statt an einen Tisch im Restaurant im Auto zu Euch nach Hause kommt."

Zwei Gedanken dazu. Erstens: Es gibt kaum jemanden, der schlechter bezahlt wird als ein Pizzabote. Trinkgeld ist ein wichtiger Bestandteil seines Einkommens. Zweitens: Wer tut, etwas provokativ gefragt, eigentlich mehr für

Sie? Der Kellner, der im temperierten und trockenen Restaurant Ihr Essen ein paar Meter von der Küche an Ihren Tisch bringt oder der Pizzabote, der sich bei Nacht und Nebel in den Verkehr stürzt, 20 Minuten zu Ihnen unterwegs ist und dann vielleicht noch vier Stockwerke erklimmen muss?

In den USA ist es üblich, zehn bis 20 Prozent zu geben, wenn der Bote Essen nach Hause bringt. Bei schwierigen Verkehrsverhältnissen und schlechtem Wetter auch mehr. Und nie weniger als fünf Dollar. Wer das nicht will, der holt sich in Nordamerika seine Pizza selbst ab.

In Deutschland sind zehn Prozent angemessen, falls der Auftraggeber keinen guten Grund zur Unzufriedenheit hat. Mehr geht natürlich auch, wenn das Wetter besonders mies war oder Sie im 5. Stock ohne Aufzug wohnen.

Pro Paket oder zu Weihnachten – oder gar nicht?

Auch bei Paketboten sind die Deutschen mit Trinkgeld eher zurückhaltend. Meist geht der Paketbote übers Jahr leer aus. Eine Ratgeber-Redaktion empfiehlt zwar, pro Paket mindestens einen Euro zu tippen, bei besonders schweren Paketen auch mehr. Doch tun das nach den Erkenntnissen von DHL die wenigsten Kunden. Täte es jeder, wären Paketzusteller auch ziemlich wohlhabende Leute, denn – je nach Besiedlungsdichte seines Bezirks – kommt ein Zusteller auf 50 bis 200 Pakete am Tag. Insgesamt liefern die DHL-Zusteller 4,6 Millionen Pakete pro Werktag aus. Vor Weihnachten können es auch schon mal 11 Millionen Pakete am Tag sein.

Was viele Paketempfänger tun: Sie tippen ihren Paketzusteller zu Weihnachten. Ein DHL-Fahrer darf Geschenke oder auch ein Weihnachtstrinkgeld bis zu 25 Euro annehmen. Mehr erlaubt der Arbeitgeber nicht.

Das muss aber niemanden davon abhalten, auch außerhalb der Vorweihnachtszeit mal zwei Euro Trinkgeld zu geben, etwa wenn der Zusteller gerade zwei Zwölferkartons Wein die Treppe hochgewuchtet hat.

Beim Paketversender Hermes wurde festgestellt, dass Trinkgeld „in den allermeisten Fällen leider keine Rolle spielt". Früher habe es häufiger ein Trinkgeld für die Fahrer gegeben. So berichtete ein Zusteller, in den 90er Jahren habe er teilweise fast 1000 D-Mark Trinkgeld vor Weihnachten bekommen. Heute komme er auf 20 Euro. Möglicherweise liegt das auch daran, dass es in Zeiten des zunehmenden E-Commerce nichts Besonderes mehr ist, ein Paket zu bekommen. Damals war es meistens ein Geschenk, das der Bote vor Weihnachten ins Haus brachte.

Weihnachtsgeld kann heikel sein

„Wenn ich unser Trinkgeldverbot kontrollieren würde, hätte ich am 1. Januar keine Mitarbeiter mehr.“

Geschäftsführer einer Entsorgungsfirma

Müllmänner

Sie holen jede Woche Ihren Müll ab. Wenn sie mal streiken, gibt's richtig böse Probleme. Unsere Müllmänner. Ihnen zu Weihnachten ein Trinkgeld zu geben, ist vielen zur lieben Gewohnheit geworden. Aber ausgerechnet hier lauern Gefahren. Vor allem für Beschäftigte bei der Stadt gelten oft strenge Vorgaben für die Annahme von Geschenken oder Trinkgeldern. Hintergrund dafür ist die Angst der Städte, es könnte sich so etwas wie systematische Bestechung einschleichen.

Problem dabei: Überall gelten andere Richtlinien. Noch nicht einmal auf Länderebene gibt es gleichartige Vorschriften. In Bayern dürfen in der einen Stadt Müllmänner nur einmal im Jahr und pro Haushalt ein Sachgeschenk im Wert von höchstens 25 Euro annehmen. In der nächsten Stad sind das Höchstmaß der Gefühle 20 Euro für ein Sachgeschenk und zehn Euro in bar. In der dritten Großstadt wird lediglich ein Trinkgeld von fünf Euro akzeptiert. Und in der vierten Großstadt dürfen die Saubermänner, wenn sie denn sauber bleiben wollen, keinen einzigen Cent annehmen.

In einer norddeutschen Großstadt müssen Trinkgelder über acht Euro dem Arbeitgeber gemeldet werden. In Hessen wurden Müllwerker entlassen, weil sie wegen eines Trinkgeldes mehr Abfälle als erlaubt wegbrachten und sich darunter wohl auch schadstoffhaltiger Müll befand.

Wer zu Weihnachten ein Trinkgeld geben will, ist also gut beraten, sich zuvor in seiner Gemeinde zu erkundigen, was geht und was nicht geht. In München zum Beispiel sind in einigen Fällen Ermittlungen auch gegen die Trinkgeldgeber wegen des Verdachts der Bestechung eingeleitet worden.

Mitunter hat die Stadt oder Gemeinde die Müllabfuhr an einen privaten Unternehmer vergeben. Auch dann steht oft im Arbeitsvertrag der Müllwerker, dass sie kein oder nur ein begrenztes Trinkgeld annehmen dürfen. Allerdings sieht man die Kontrolle auch gerne etwas lockerer. „Wenn ich das kontrollieren und bestrafen würde, hätte ich zum 1. Januar keine Mitarbeiter mehr", beschreibt ein Geschäftsführer das reale Leben.

Realität ist leider auch, dass ein Trinkgeld, wenn es in einem Umschlag an die Tonne geklebt wird, manchmal in den falschen Händen landet, nämlich in denen von Dieben, die vor Weihnachten nachts die Umschläge von den Tonnen klauen. Besser also, sie drücken den Umschlag dem Müllmann Ihres Vertrauens direkt in die Hand.

Zeitungszusteller und Briefträger

Klassische Trinkgeldempfänger zu Weihnachten sind auch die Zeitungszusteller, die sich frühmorgens bei Wind und Wetter ein Zubrot zum Lohn oder zur Rente verdienen. Mit einem Zehn-Euro-Schein im Umschlag mit einem Weihnachtsgruß können Sie nichts falsch machen. Dasselbe gilt für den Briefträger.

Haushaltshilfe und Hausmeister

Der Zehn-Euro-Schein passt auch gut für den Hausmeister, sofern er sich gekümmert hat. Für die Haushaltshilfe wird gerne ein zusätzlicher Wochenlohn empfohlen.

Geschmiert? Tippen von Handwerkern

„Sie hängen sich das Mäntelchen des Nicht-Egoisten um."

Der amerikanischen Business-Ethik-Lehrer Robert H. Frank über Trinkgeldgeber

Es ist Samstagnachmittag und Ihr Klo tritt über die Ufer. Sie rufen den Sanitärfachmann an, und der sagt Ihnen: „Heute schaffen wir das aber nicht mehr, vielleicht morgen." Was sagen Sie sich in dem Moment? Vielleicht dieses: Das nächste Mal kriegt der nicht fünf Euro sondern 20. Damit sind Sie dann hart am Thema Schmiergeld dran, aber man kann ja nicht immer ganz korrekt sein, vor allem nicht, wenn das Klo...

Wer im Notfall schnell kommt und auch noch das Problem nachhaltig löst, kann ohnehin in der Regel mit einem guten Trinkgeld rechnen, so groß ist die Erleichterung, dass Wasser oder Heizung wieder laufen. Da spielt es dann eine nachgeordnete Rolle, wie lange der Handwerker bei Ihnen war.

Außerhalb von Notfällen empfiehlt eine Ratgeber-Redaktion für das folgende Beispiel folgendes Trinkgeld: Zwei Handwerker kommen für zwei volle Tage. Pro Mann erhalten sie zehn bis 20 Euro. Bei einem solchen längeren Aufenthalt ist es zusätzlich eine nette Geste, Getränke und vielleicht auch ein paar belegte Brötchen zur Verfügung zu stellen. Die Zeiten, in denen auch eine Kiste Bier dazu gehörte, sind allerdings vorbei.

Das alles kann auch schief gehen, wie eine Dame erfahren musste, die einen Tischler gerufen hatte, weil eine Schublade in der Küche klemmte. Als sie ihm nach vollbrachter Arbeit ein Trinkgeld zustecken wollte, sagte der Tischler leicht beleidigt: „Ich nehme kein Trinkgeld an. Aber wir können ja mal zusammen Golf spielen".

Trinkgeld am Bau

Die gute Nachricht zuerst: Wenn Sie ein Haus bauen, gilt die 10-Prozent-Regel nicht! Das bedeutet aber nicht, dass das Thema Trinkgeld hier zu vernachlässigen wäre. Ein paar gezielte Trinkgelder können die Herausforderungen eines Hausbaus und den damit fast immer verbundenen Ärger erheblich mindern. Ist das Bestechung? Nein. Schmiergeld? Ja, vielleicht.

Auf die Höhe kommt es an

„Wir wollen zeigen, dass wir der Herr sind."

Der Historiker Winfried Heitkamp

Kann man im Restaurant zu wenig tippen? Ganz sicher. Wenn man zufrieden war, zeugt es nicht von Stil, weit unterhalb der allgemeinen Empfehlungen zu bleiben, vor allen Dingen nicht in Ländern, in denen Trinkgelder ein wichtiger Bestandteil des Einkommens sind. Und ganz sicher macht sehr viel falsch, wer als reicher Mann in den USA für 61 Dollar isst und dann 20 Cent Trinkgeld gibt.

Mit etwas Pech kann man dafür auch schon mal öffentlich an den Pranger gestellt werden. Diese Erfahrung machte jedenfalls ein Football-Millionär der „Philadelphia Eagles" 2014 nach einem Bericht von Bild.de. Der Restaurant-Besitzer stellte den Beleg für das 20-Cent-Trinkgeld des berühmten Gastes als Foto bei Facebook ein. Das Bild verbreitete sich rasant im Netz. Der Sportstar handelte sich einen veritablen Shitstorm ein.

Vorherrschende Meinung zu der Frage, ob es besser ist, gar nicht zu tippen als ein extrem niedriges Trinkgeld zu geben, ist die: Ein sehr niedriges Trinkgeld provoziert häufig. Dann lässt man es wohl besser ganz.

Beobachtung in einem norddeutschen Ausflugslokal:

Ein Ehepaar verlangt nach einer Flasche Champagner. Auch etwas zu essen? Nein, danke! Doch am Boden der Flasche angekommen, stellt sich der Hunger ein. Bestellt werden Schweineschnitzel mit Pommes und Majo. Dazu eine zweite Flasche Champagner. Als es ans Bezahlen geht, geben die offensichtlich zufriedenen und gut gelaunten Gäste kein Trinkgeld.

„Das ist nicht schön, aber geht in Ordnung", sagt der Chef, „und ist bei dieser Rechnung besser als 50 Cent Trinkgeld." In seinem Lokal dürfen die Kellner extrem geringe Trinkgelder unter einem Euro zurückweisen. Weil das eine Beleidigung sei. Allerdings müssen sie das freundlich tun. Ausdrücklich verboten ist dabei der Satz: „Sie haben das Trinkgeld nötiger als ich."

Kann man aber auch zu viel tippen? Mit einem klaren Ja dürfte auf diese Frage ein Libanese antworten, der 2010 in Kuala Lumpur einem Zimmermädchen eine 500-Dollar-Note zusteckte. Die alarmierte die Polizei, und die nahm den Libanesen fest. Der Schein war falsch.

Mit echtem Geld tippte der amerikanische Schauspieler Johnny Depp nach einem Bericht von t-online im Mai 2008 in einem Restaurant in Wisconsin. Die Zeche betrug 2.600 Dollar, Depps Trinkgeld 1.500 Dollar. Ein noch höheres Trinkgeld erhielt Kellner Billy im „The Buffelo Club" im kalifornischen Santa Monica. Der Milliardär, den er bedient hatte, hatte ihn gefragt, was denn das höchste Trinkgeld sei, das er bisher bekommen habe. „500 Dollar von einer größeren Gruppe", gab Billy zur Antwort. Daraufhin steckte ihm der Milliardär ein Trinkgeld in Höhe von 10.000 Dollar zu.

Billy wird sicher seinen Wohltäter gepriesen haben, jedenfalls damals. Nicht überliefert hingegen ist Billys Reaktion auf den Ende 2017 bekannt gewordenen Plan der US-Regierung, dass die Arbeitgeber im Gastgewerbe die völlige Kontrolle über das Trinkgeld der rund 3,2 Millionen US-Kellner in Höhe von geschätzten 20 Milliarden Dollar erhalten sollen. Der Milliardär, der Billy so großzügig mit Trinkgeld bedacht hatte, war inzwischen ins Weiße Haus eingezogen. Donald Trump heißt der Mann. Ob er im Oval Office auch erfahren hat, dass Cristiano Ronaldo nach der Fußball-WM in Russland beim Urlaub in einem griechischen Hotel mit 20.000 Euro doppelt so viel Trinkgeld gab?

Wer zu viel tippt, der macht sich vielleicht beliebt, aber auch verdächtig. Trinkgeld-Experte Winfried Heitkamp schreibt dazu, ohne es speziell auf Trump oder Ronaldo zu münzen: „Wir wollen ein bestimmtes Bild von unserem Status erzeugen, wenn wir ein Trinkgeld geben. Wir wollen zeigen, dass wir der Herr sind."

Das sollte Chefs, die ihre Mitarbeiter einladen, allerdings nicht dazu verführen, vor den Augen ihrer Gäste besonders großzügig zu tippen. Er würde über Monate in der

Firma als Angeber bezeichnet werden. Knickrig darf der Chef aber auch nicht sein, dann handelt er sich den Ruf des Geizhalses sein. Am besten also, liebe Chefs, regelt Ihr die Trinkgeldnummer diskret.

Das Zuviel-Tippen, im englischen gerne Overtipping genannt, hat auch noch eine andere negative Seite: Zuviel Trinkgeld kann dazu führen, dass der Gast nicht mehr als Gast betrachtet wird, sondern als Ziel einer Jagd nach immer mehr Trinkgeld.

Stilvoll tippen – aber ohne Zwang

„Meine Frau war zu großzügig mit dem Trinkgeld. Geben Sie mal die Hälfte zurück."

Unbekannter Ehemann zum Kellner, während die Ehefrau auf der Toilette ist. Der Kellner gab die Hälfte zurück.

Im Zusammenhang mit der Übergabe von Trinkgeld finden sich eine ganze Reihe von Vorschlägen, denen Sie folgen können - oder auch nicht. Da wird zum Beispiel die Frage behandelt, ob der Gast das Trinkgeld einfach auf dem Tisch liegen lassen darf. Manche Stilberater raufen sich da die Haare und bezeichnen das als unhöflich. Diese Einschätzung reflektiert die Annahme, dass ein Trinkgeld am besten mit einer mündlichen Anerkennung persönlich übergeben werden sollte. Andererseits: In solchen Situation geht es ja eher um kleinere Trinkgelder. Und es darf die Frage gestellt werden, ob man um ein Trinkgeld von 1,10 bei einer Rechnung von 8,90 Euro in einer vollen Kneipe ein solches Theater machen muss. Ob der Kellner wirklich zu dem Wechselgeld auch noch eine Rede erwartet? In anderen Ländern wie beispielsweise in Italien und in Frankreich ist das Liegenlassen von Wechselgeld übrigens das ganz normale Verhalten.

Fühlen Sie sich in diesen Fragen einfach frei. Es ist alles okay. „Danke, stimmt so" ist ebenso akzeptiert wie die separate Übergabe des Trinkgeldes oder auch den Betrag zu nennen, den man zurück haben möchte.

Etwas anderes ist es, wenn man sich längere Zeit zu einem richtig guten Essen in einem Restaurant aufgehalten hat und nun die Rechnung kommt. Bei der Gelegenheit achtlos und wortlos und ohne eine Miene zu verziehen ein Trinkgeld hinüberschieben, das ist sicher nicht die feine Art. Ein Lächeln und ein Satz wie „Das hat uns gefallen, wir kommen wieder." ist da angemessener.

Etwas schwieriger wird es, wenn Sie einem Oberkellner diskret ein Trinkgeld zukommen lassen möchten. Das können Sie weder auf dem Tisch liegen lassen, noch können Sie aufrunden oder einen zurückzugebenden Betrag nennen. Sie brauchen also zunächst den passenden Schein. Sie müssen außerdem ein paar Worte des Dankes und der Anerkennung finden. Und dann? Stecken Sie es ihm in die Jacke, geben Sie ihm die rechte Hand „mit was drin" oder halten Sie ihm den Schein vor die Nase und wedeln damit? Eher nicht. Vielmehr sind Sie gut vorbereitet und haben einen Briefumschlag dabei, in dem Sie Ihre Anerkennung überreichen. Wenn das aus logistischen Gründen nicht geht, ist dennoch Entspannung angesagt. Jede Verrenkung kann schief gehen und ist außerdem überflüssig. Halten Sie ihm den einmal gefalteten Schein hin. Der Oberkellner wird ihn mit Bravour und Routine entgegennehmen.

Auch wenn der Gast mit Kreditkarte zahlt, freut sich der Kellner über Bargeld. Es macht also Sinn, bei der Kreditkartenzahlung nur den gezeigten Rechnungsbetrag zu begleichen und das Trinkgeld bar dazu zu legen. Das ist natürlich auch wieder kein Muss. Wer kein entsprechendes Bargeld dabei hat, kann natürlich auch den Weg über die Kreditkarte nehmen, ohne dass dies ein Fauxpas wäre.

Im Sinne einer neuen Entspanntheit ist es auch denkbar, sich auf das Trinkgeld herausgeben zu lassen. Das sollte dann aber freundlich und zur Verhinderung eines Missverständnisses deutlich erklärt werden. Etwa: "Ich würde Ihnen gerne zehn Euro Trinkgeld geben, habe aber nur einen Zwanziger hier. Können Sie mir zehn zurückgeben?"

Es gibt ein paar Trinkgeld-Spezialisten, die schwören darauf, vor der eigentlichen Leistung zu tippen. Da gibt es dann angeblich einen besseren Tisch im Restaurant, ein größeres Steak oder auch eine schnellere Bedienung. Mag sein. Stilvoll ist es nicht. Da die Leistung zum Zeitpunkt des Tippens noch nicht erbracht worden ist, kann in diesem Fall das Tippen auch nicht als Anerkennung und als Danke empfunden werden. Vielmehr soll der Kellner durch Geld manipuliert werden, den Vorher-Tipper besser zu bedienen als die anderen. Das hat mit dem Wesen des Trinkgeldes, nämlich dem Danke sagen, nichts mehr zu tun, sondern rangiert eher im Bereich der Bestechung. Oder noch einmal anders gewendet: Ich gebe Dir, mein Kellner, lieber vorher ein Trinkgeld, denn ich traue Dir nicht zu, mich ohne diese Maßnahme gut zu bedienen.

Bei aller Zwanglosigkeit, mit der wir tippen sollten um uns wohl zu fühlen, gibt es aber auch Grenzen. Ganz sicher stillos verhielt sich ein Ehemann, dessen Frau die Rechnung bezahlt und zehn Euro Trinkgeld gegeben hatte. Die Frau will noch mal kurz in den Waschraum. Da winkt ihr Mann nach dem Kellner: „Meine Frau war viel zu großzügig. Geben Sie mal fünf Euro zurück." Und ja, der Kellner gab einen Fünfer zurück – und erzählt die Geschichte noch Jahre später.

Entlarven Sie die Psychotricks

„Berühren Sie den Gast scheinbar unabsichtlich und gehen Sie vor ihm in die Hocke."

(Ratschlag an Kellnerinnen und Kellner, um höhere Trinkgelder zu erhalten)

Es ist sicher legitim anzunehmen, dass viele potenzielle Trinkgeldempfänger möglichst hohe Trinkgelder erwirtschaften möchten. So lange dieses Bestreben zu einem besonders guten Service am Restauranttisch führt, wird kein Gast dagegen etwas einzuwenden haben. Und in vielen Fällen dürfte diese Rechnung dann auch zur Zufriedenheit beider Seiten aufgehen. Was aber, wenn der Gast bewusst manipuliert werden soll?

Untersuchungen aus den 50er Jahren stellten fest, dass es keinen nachweisbaren Zusammenhang zwischen der Höhe des Trinkgeldes und der Qualität der Bedienung gebe. Vielmehr gehe es um das Bedürfnis des Trinkgeldgebers nach Anerkennung und Prestige.

Spätere Forschungen fanden heraus, dass gutaussehende Kellnerinnen spürbar höhere Trinkgelder bekommen als ihre weniger gut aussehenden Kolleginnen. Auch beeinflussen Smileys oder eine strahlende Sonne auf den Rechnungen angeblich die Höhe des Trinkgeldes ebenso wie ein „Danke" auf der Rechnung oder die Vorstellung mit dem eigenen Namen, natürlich dem Vornamen.

Gegen ein Smiley-Symbol auf der Rechnung werden die meisten Gäste nichts einzuwenden haben, selbst wenn sie ahnen, dass damit ihre Großzügigkeit beim Bezahlen angekurbelt werden soll. Gegen eine Vorstellung mit Namen wird auch kaum ein Gast etwas einwenden. Auch nicht gegen den Rat, der Kellner möge lächeln.

Eine Manipulationsgrenze hingegen könnte nach dem Geschmack einiger überschritten werden, wenn körperliche Berührungen bewusst eingesetzt werden. Solche Berührungen sind keineswegs in irgendeiner Weise intim. Es sind vielmehr scheinbar zufällige, tatsächlich aber bewusst herbeigeführte kurze Berührungen etwa an der Schulter.

Internetseiten, die sich an Kellner mit Ratschlägen zur Trinkgeldmaximierung richten, sind voll von weiteren Tipps, teilweise skurrilen. Genannt sei beispielhaft der fragwürdige Vorschlag, einen schrägen Witz zu erzählen. Angeblich erhöht das das Trinkgeld.

Ein anderer Ratschlag lautet, man möge sich buchstäblich auf Augenhöhe mit dem Gast begeben, indem man sich bei der Aufnahme der Bestellung oder der Abrechnung neben ihn setze oder vor dem Tisch in die Hocke gehe. Und Blumen im Haar, so eine amerikanische Hotelschule, führen zu einem 17 Prozent höheren Trinkgeldaufkommen.

Wer diese Manöver durchschaut, und das dürften einige sein, wird sich kaum noch wohlfühlen. Was wird der Gast dann tun? Wird er sagen: „Ich gebe Ihnen kein Trinkgeld, weil Sie mich diesbezüglich manipulieren wollen"? Eher selten. Wer will schon ein gutes Essen zickig beenden und Missstimmung in den Abend bringen? Aber wer gemerkt hat, dass er ein wenig verarscht werden soll, damit er mehr Trinkgeld gibt, der geht vielleicht nicht mehr in dieses Lokal.

Liebe Kellnerinnen und liebe Kellner, die Ihr vielleicht auch diese Zeilen lest: Vergesst bitte diesen ganzen Psycho-Quatsch. So dumm sind Eure Gäste nicht. Wir sind schon groß, wir merken das. Wenn Ihr ein gutes Trinkgeld wollt, dann ist das Wichtigste, dass Ihr uns ernstnehmt und wahrnehmt, dass Ihr nicht an uns vorbeischaut, wenn wir rumstehen und auf einen Platz warten, wenn wir bestellen möchten oder um die Rechnung gebeten haben. Das ist schon mal die halbe Miete. Wenn dann noch ein Lächeln hinzukommt, dann klappt das auch mit dem Trinkgeld. Vor uns in die Hocke gehen, das ist wirklich nicht nötig.

Keine Chance den Trinkgeldjägern im Hotel

5-Sterne-Hotel in der Schweiz. Ein Mann in Uniform öffnet Ihre Wagentüre, ein zweiter räumt das Gepäck aus dem Auto, bringt Sie zur Rezeption. Jetzt ist Trinkgeld fällig. Nach den einschlägigen Regeln zwei Euro oder Franken pro Gepäckstück. Sie haben vier Gepäckstücke. Acht Euro oder Franken abzählen? Stillos, wer nicht aufrundet. Noch stilloser, wer um zwei Euro Rückgabe bittet. Also ein Zehner. Und fünf für den, der das Auto wegbringt.

Der Rezeptionist regelt die Formalitäten und lädt zu einem Glas Champagner ein. Die Bedienung bekommt natürlich ein kleines Trinkgeld, zwei Euro vielleicht, oder doch lieber fünf? Untersuchungen zeigen, dass derjenige besonders hoch tippt, der vorher etwas geschenkt bekommt.

Dann zeigt Ihnen eine freundliche Dame das Hotel und das Zimmer. Zehn Euro? Darunter geht es hier wohl nicht. Das Gepäck ist natürlich noch nicht da. Das bringt ein anderer. Vier Gepäckstücke. Wieder ein Zehner?

Sie sind jetzt bereits 40 Euro los. Wenn Sie so klug waren, vorher einheimisches Geld zu organisieren, dann waren es wenigstens Franken, was ja nicht ganz so viel ist.

Es geht aber noch heftiger. Beobachtung in einem Hamburger Luxushotel einer amerikanischen Kette: Einer empfängt Sie am Auto, zwei packen das Gepäck aus, ein Vierter fährt Ihr Auto weg, zwei neue Gesichter bringen das Gepäck in Ihr Zimmer. Bei der Abreise das Ganze rückwärts. Inklusive Zimmermädchen kommen Sie jetzt auf fast 100 Euro, wenn Sie alle Erwartungen und Ihre angeblichen Trinkgeldpflichten erfüllen. Dann haben Sie aber noch nicht das Hotelrestaurant besucht, noch keine Theaterkarte buchen lassen, und in der Bar waren Sie auch nicht.

Macht Ihnen das Spaß und haben Sie genug Geld dafür? Dann ist es gut, gehen Sie darauf ein und spielen Sie mit. Macht Ihnen das keinen Spaß? Sind Sie sauer? Oder fühlen Sie sich vielleicht sogar für dumm verkauft? Dann lassen Sie es mit dem Trinkgeld. Oder Sie geben es so, wie Sie es wollen. Und wem Sie wollen. Vielleicht lassen Sie ein Trinkgeld bei der Rezeption. Machen Sie einfach, was Sie wollen und lassen Sie nicht zu, dass jemand Druck auf Sie ausübt. Sie geben ab sofort kein Trinkgeld mehr, wenn es jemand darauf anlegt und Sie auszutricksen versucht. Sie behalten die Hoheit über die Situation. Niemand treibt Sie mehr vor sich her. Sie machen sich ab sofort keinen Kopf mehr, ob irgendjemand Sie jetzt für kleinlich hält. Denken Sie daran: Sie haben sich entschlossen, in Sachen Trinkgeld nie mehr wieder Stress zu bekommen. Das bedeutet auch, dass Sie sich nicht mehr übertölpeln lassen. Denn darüber ärgern Sie sich möglicherweise noch tagelang.

Dazu vorsorglich noch zwei kleine Hinweise: Es gibt Länder, in denen Sie so nicht vorgehen können, wie in den USA oder bestimmten asiatische Staaten. Auch auf Schiffen gelten oft andere Regeln. Dazu mehr an anderer Stelle. Zweiter Hinweis: Wenn Sie zu zweit unterwegs sind, bringen Sie vorsichtshalber Ihren Partner vorher auf Ihre Seite und weihen ihn in Ihre neue Strategie der Unabhängigkeit ein. Nichts ist peinlicher, als eine Diskussion über die Höhe von Trinkgeld vor denen, die es erwarten.

Der Chef trinkt wirklich nichts?

„Vorgesetzte sind natürliche Personen, die innerhalb einer Organisation mit der Befugnis betraut wurden, Weisungen an nachgeordnetes Personal zu erteilen."

Wikipedia

Grundsätzlich gilt es die Regel, dass der Chef kein Trinkgeld bekommt. Allerdings gibt es von dieser Regel so viele Ausnahmen, dass es mitunter schwierig werden kann. Laut Knigge-Gesellschaft ist es unangebracht, dem Chef ein Trinkgeld zu geben, wenn er selbst bedient. Dies bezieht sich offensichtlich auf eine Situation in Kneipe, Bar oder Restaurant. Der Wirt kriegt also nichts.

Bei anderen Chefs sieht es anders aus. Nehmen wir zum Beispiel Taxifahrer. In vielen Fällen ist der Fahrer sein eigener Chef, also selbständiger Taxiunternehmer mit nur einem Auto. Mal ganz abgesehen davon, dass es nicht auf Anhieb erkennbar ist, ob dem Fahrer das Auto gehört oder nicht, wird sich auch ein mitarbeitender Chef im Taxigewerbe immer über ein Trinkgeld freuen. Da können Sie nichts falsch machen.

Ähnliche Situationen gibt es bei anderen Berufen, zum Beispiel bei Friseuren. Auch da bedienen Chefin oder Chef oft mit – und sind sicherlich nicht beleidigt, wenn es ein Trinkgeld gibt. Ein weiteres Beispiel wären Handwerker:

Nicht jeder, der zu Reparaturen in Ihr Haus kommt, ist angestellt. Viele sind selbständig.

Unangemessen ist ein Trinkgeld also nur dann, wenn klar erkennbar ist: Das ist der Chef, und zwar im Sinne eines Vorgesetzten, der Mitarbeitern Weisungen erteilt. Und auch hier ist nicht jede Situation gleich. Während wohl niemand auf die Idee kommt, dem Chef eines Kaufhauses ein Trinkgeld zu überreichen, wäre das beim Inhaber einer kleinen Baufirma durchaus denkbar. Es kommt auf den Begleittext an. „Hier, trinken Sie mal was Gutes", wäre ein falscher Text. Aber „Eine kleine Spende für den nächsten Betriebsausflug" oder „Für die Kaffeekasse" kommt meistens gut.

Es muss auch nicht immer Geld sein. Einem Chef kann auch stilvoll gedankt werden, etwa indem er zwei gute Flaschen Wein bekommt. Sechs Dosen Bier wären wiederum nicht mehr so stilvoll.

Der Fiskus und das Trinkgeld

„Ich neige nicht zu Übertreibungen."

Selbständiger Handwerker auf die Frage, ob er Trinkgeld versteuert.

Seit Anfang des Jahres 2002 müssen Angestellte auf Trinkgelder in der Bundesrepublik keine Steuer mehr zahlen. Bis dahin war das Trinkgeld für alle Empfänger steuerpflichtig. Es galt lediglich ein Freibetrag von jährlich 1224 Euro. Die Steuerausfälle, so rechnete die Bundesregierung damals vor, betrügen etwa sechs Millionen Euro im Jahr.

Für Angestellte in Deutschland sind freiwillig gezahlte Trinkgelder deshalb auch nicht mehr sozialversicherungspflichtig. Ausnahme sind Trinkgelder, die in Spielbanken in den Tronc, die Trinkgeldkasse beim Roulette, gegeben werden („für die Angestellten"). Die dort zusammen kommenden Gelder werden zwischen allen Mitarbeitern aufgeteilt. Bei einem solchen „Trinkgeldpool" entsteht nach aktueller Rechtsprechung eine Steuer- und Abgabepflicht, weil ein freiwillig gegebenes Trinkgeld ein Mindestmaß an persönlicher Beziehung zwischen dem Geber und dem Nehmer voraussetzt.

Bekommt ein mitarbeitender Unternehmer ein Trinkgeld, so muss er dieses versteuern. Solche Trinkgelder gelten als Betriebseinnahmen, und es muss Umsatzsteuer darauf entrichtet werden.

Auch muss ein steuerfreies Trinkgeld in der Branche üblich und angemessen sein.

Auf Seiten des Trinkgeldgebers gilt: Solche Zahlungen sind als Betriebsausgaben nur dann abzugsfähig, wenn sie betrieblich veranlasst waren und nachgewiesen werden. Dies kann zur Not allerdings auch durch einen selbst ausgestellten Beleg geschehen.

Reichlich Fettnäpfchen im Ausland

„Ich kann mir eine angenehmere Reisebegleitung denken."

Der Göttinger Philosoph und Jurist Rudolf von Jhering 1882 über Trinkgeldstress

Andere Länder, andere Sitten. 1882 beklagte sich der Göttinger Jurist und Philosoph Rudolf von Jhering bitter, niemand, der sich auf Reisen begebe, sei imstande schon zuhause abzuschätzen, was an Trinkgeldzahlungen auf ihn zukomme: „So begleitet ihn denn die Trinkgelderfrage auf der ganzen Reise, sie haftet sich an jede Wirtshausrechnung, die er zu bezahlen hat, an jeden der vielen dienstbaren Geister, mit denen er im Gasthof in Berührung getreten ist – hier kaum abgemacht, taucht sie dort von Neuem wieder auf. Ich kann mir eine angenehmere Reisebegleitung denken! Ich meinerseits würde gerne zu der Summe, die ich im Gesamtbetrag auf der Reise an Trinkgeldern zu verausgaben habe, noch ein Beträchtliches zulegen, wenn ich damit der widerwärtigen Bemessung desselben in jedem einzelnen Fall enthoben wäre".

Der gute Mann hatte offenbar mächtigen Stress mit dem Trinkgeld auf Reisen. Das wollen wir nicht. Aber dazu sollten wir einiges wissen, denn das Thema Trinkgeld taucht weltweit in vielen verschiedenen Ausformungen auf. Der Bogen spannt sich von den USA, in denen Trinkgeld fließt wie Pils in Dortmund, bis hin zu Japan, wo sich der generöse Tipper so richtig schön in die Nesseln setzen kann. Dazwischen gibt es mannigfache Erscheinungsformen des Trinkgeldes.

Die Deutschen haben hinsichtlich der Trinkgeldfrage nicht gerade den besten Ruf in der Welt. Nach einer Umfrage des Reiseportals Expedia, die sich auf die Befragung von 14.000 Menschen in 14 Ländern stützte, gelten die Deutschen als die größten Trinkgeld-Knauserer Europas. Ihnen folgen im Geizkragenranking die Briten, die Niederländer und die Franzosen.

In Weichwährungsländern ist man besonders auf Dollar oder Euro aus. Es sollten aber Scheine sein, keine Münzen, die oft nicht eingetauscht werden können. In einigen Ländern wird das Zurücklassen von kleineren Münzen sogar als Beleidigung interpretiert. In manchen Fällen ist es auch denkbar, sich mit einem Geschenk für eine Dienstleistung zu bedanken. Dass es hierzu eines besonderen Fingerspitzengefühls bedarf, muss nicht erläutert werden.

Da die allgemeinen Empfehlungen oft wenig hilfreich sind oder – je nach Interessenslage – zum Teil deutlich voneinander abweichen, beruhen die Hilfestellungen dieses Buches niemals nur auf einer Quelle sondern immer auf mehreren Veröffentlichungen, oft fünf und mehr, die allerdings aus Gründen der Lesbarkeit nicht immer genannt werden. Unter den ausgewerteten Quellen befinden sich Reiseführer, Geldinstitute, Tourismusbüros, Blogs, Reiseveranstalter im In- und Ausland, Gastronomen und Menschen, die lange in einem Land gelebt haben wie beispielsweise Auslandskorrespondenten oder Firmenrepräsentanten. Am Ende bilden die Empfehlungen entweder einen Durchschnitt vieler Informationen oder es werden Spannen genannt. Beachten Sie, dass offizielle Fremdenverkehrsämter oft besonders zurückhaltende Trinkgeldempfehlungen geben, um das Phänomen des Zuviel-Tippens im Zaum zu halten. Umgekehrt fordern Reiseveranstalter mitunter zu recht satten Trinkgeldern auf.

Wenn Sie selbst im Internet recherchieren, stoßen Sie nicht immer auf völlig korrekte Angaben. Es sind zwar Ausnahmen, wenn ein Reiseführer-Verlag zum Beispiel meint, in Südamerika solle das Zimmermädchen zehn Prozent erhalten, ebenso wie der Kofferträger. Zehn Prozent von was, lieber Verlag? Solche Fehler sind ja noch leicht zu erkennen, doch manchmal ist es nicht so einfach. Und selbst wenn Sie eine zweite Quelle finden, die etwas aus Ihrer Sicht Absurdes empfiehlt, bleiben Sie skeptisch. Was absurd klingt, ist meistens auch absurd. Und die Erklärung für die Bestätigung einer Absurdität ist ganz einfach: Da hat einer vom anderen abgeschrieben. Im Internet eine Alltäglichkeit.

Vor allem achten Sie aber bitte darauf, dass die Wechselkurse sich seit Veröffentlichung sowohl in gedruckten als auch in digitalen Ratschlägen teilweise enorm verändert haben können. Daher sind in diesem Buch vor allem US-Dollar und Euro angegeben. Machen Sie auf jeden Fall einen Logikcheck, bevor Sie umgerechnet nur zwei Eurocent pro Koffer im afrikanischen Hotel geben oder 20 Euro in einer thailändischen Garküche. Wenn Sie es sich in diesem Punkt etwas einfacher machen wollen, tippen Sie in Dollarscheinen (immer noch die bevorzugte Fremdwährung in vielen Ländern) oder auch mit Euroscheinen.

Feine Unterschiede in Europa

„Gleiche Augenhöhe von Gast und Kellner beachten!"

Der Berliner Kulturwissenschaftler Wolfgang Kaschuba über den italienischen Keller.

Die beliebtesten Urlaubsländer der Deutschen waren von 2015 bis 2017 Spanien, Italien, Österreich, Türkei und Frankreich. Der rote Faden: Dezent Tippen, das Trinkgeld eher auf dem Tisch liegen lassen als es dem Kellner in die Hand zu drücken.

Frankreich

Die französische Tourismuszentrale empfiehlt im Restaurant fünf bis zehn Prozent, Reiseveranstalter bis zu 15 Prozent. Die meisten Franzosen lassen das Trinkgeld einfach dezent auf dem Tisch im Restaurant liegen. Einem Kellner Geld in die Hand zu drücken, könnte als unhöflich ausgelegt werden.

Beim Taxifahren schwanken die Empfehlungen zwischen Aufrunden und zehn Prozent. 50 Cent bis ein Euro pro Gepäckstück im Hotel dürften angemessen sein, Zimmermädchen ein bis zwei Euro am Tag, je nach Aufenthaltsdauer.

Spanien

Die übereinstimmenden Empfehlungen lauten, im Restaurant zwischen fünf und zehn Prozent zu tippen. Auch hier sind Sie auf der sicheren Seite, wenn Sie das Geld auf dem Tisch liegen lassen. Der Taxifahrer bekommt üblicherweise ebenfalls fünf bis zehn Prozent. Wer mit dem Gepäck hilft, erwartet zwischen 50 Cent und einem Euro pro Koffer. Was die Zimmermädchen angeht, gibt es sehr unterschiedliche Empfehlungen. Sie reichen von 50 Cent bis fünf Euro pro Übernachtung.

Italien

Der Berliner Kulturwissenschaftler Wolfgang Kaschuba berichtet, in Italien existiere als Besonderheit eine gleiche Augenhöhe von Gast und Kellner. Das damit einhergehende respektvolle Verhalten führe dazu, dass der Gast dem Kellner kein Trinkgeld in die Hand geben solle. Der Gast möge den Betrag auf dem Tisch hinterlassen, und der Kellner werde sich bewusst Zeit nehmen, bis er sich sein Trinkgeld holt. Die Restaurantempfehlungen reichen von „bei Copertogebühr nur ein paar Münzen hinterlassen" bis zehn Prozent, und für die Taxifahrt wird unisono empfohlen aufzurunden. Für das Zimmermädchen findet sich eine Spanne von einem bis zu fünf Euro pro Übernachtung – je nach Hotelkategorie. Und für den Kofferträger ein bis fünf Euro – je nach Hotelkategorie und Anzahl der Gepäckstücke.

Österreich

Österreich ist einfach. Handhaben Sie das Trinkgeld geben wie in Deutschland.

Türkei

Kein Trinkgeld in der Türkei zu geben, ist möglich aber klar unhöflich und unfreundlich. Im Restaurant orientieren Sie sich an der Zehn-Prozent-Marke und gehen bei gutem Service eher noch einen Tick höher. Auch hier wird empfohlen, das Geld auf dem Tisch zurückzulassen. Übrigens: Getrennte Rechnungen zu verlangen, gilt als typisch deutsch und spießig.

Beim Taxi lautet der Ratschlag, auch hier aufzurunden, dabei allerdings nicht kniepig sondern eher großzügig vorzugehen. Was Zimmermädchen und Gepäckhelfer angeht, können Sie sich an der 1-Euro-Regel orientieren: Pro Nacht für das Mädchen, pro Koffer für den Boy. Und Sie machen nichts falsch, wenn Sie nicht in der heimischen Währung tippen sondern in Euro.

Hier die weiteren europäischen Länder – das Wichtigste im Telegrammstil:

Albanien

In Albanien sind fünf bis zehn Prozent im Restaurant und im Taxi die Regel. Pro Koffer im Hotel ein Euro, ebenso wie pro Tag für den Zimmerservice.

Belgien

Hier funktioniert es ganz gut nach der Zehn-Prozent-Regel im Restaurant und der 1+1-Regel im Hotel (ein Euro pro Koffer für den Boy und einer pro Nacht für das Zimmermädchen). Aufrunden im Taxi.

Bosnien-Herzegowina

Fünf bis zehn Prozent im Restaurant, aufrunden im Taxi, ein bis zwei Euro pro Koffer und Nacht.

Bulgarien

Zehn Prozent im Restaurant und im Taxi, umgerechnet 50 Cent bis ein Euro für Zimmerservice pro Nacht und pro Koffer.

Dänemark

In Dänemark wird kein Trinkgeld erwartet, einige Quellen bezeichnen es als unüblich, andere schlagen vor, in Restaurants könne man ja trotzdem fünf Prozent geben. Auch sollte ein Obolus für den Kofferträger und das Zimmermädchen drin sein.

Estland

Trinkgeld ist hier laut offizieller Quellen nicht üblich. Es fühlt sich aber niemand beleidigt, wenn es doch eines gibt. Unter den Reiseveranstaltern finden sich Hinweise, nach denen zehn Prozent im Restaurant angemessen seien und auch das Hotelpersonal (Kofferträger und Zimmermädchen) nicht leer ausgehen sollte.

Finnland

Hier schwanken die Angaben zwischen „nicht üblich" und fünf bis zehn Prozent im Restaurant. Taxi aufrunden. Ein bis zwei Euro Kofferträger und Zimmermädchen.

Griechenland

Mit der Zehn-Prozent-Regel sind Sie im Restaurant gut beraten. Im Taxi rundet man auf. Im Hotel pro Koffer ein Euro, Zimmermädchen abhängig von der Dauer, für eine Woche sind zehn Euro ein guter Anhaltspunkt.

Großbritannien

Auf der Insel tippt man in der Regel zwischen zehn und 15 Prozent im Restaurant. Im Taxi rundet man auf. Pro Koffer ein bis zwei Pfund und für das Zimmermädchen ein bis zwei Pfund pro Nacht. Interessant ist vielleicht noch ein Blick in das angeblich so geizige Schottland. Wie wird dort getippt? Hier die gekonnte Antwort der schottischen Fremdenverkehrsorganisation: „Obwohl in Schottland generell nicht viel Trinkgeld gegeben wird, ist es üblich, in Restaurants oder Taxis ein Trinkgeld zu geben, wenn Sie einen guten Service erhalten haben."

Irland

Zehn Prozent im Restaurant und im Taxi. Pro Koffer zwei Euro, pro Nacht ebenfalls zwei Euro für das Zimmermädchen.

Island

Der Tourismusverband sagt, Trinkgelder seien in Island unüblich. Reiseveranstalter meinen, bei besonderer Leistung möge man tippen.

Kosovo

Zehn Prozent im Restaurant, aufrunden im Taxi. Im Hotel nach Belieben ohne besondere Empfehlung.

Kroatien

Keine klaren und übereinstimmenden Angaben für Kroatien. Laut Tourismusverband gibt es keine Erwartung im Restaurant, es werde aber häufig aufgerundet. Andere Quellen sprechen hingegen von bis zu 25 Prozent im Restaurant. Auch hier dürfte man mit der Zehn-Prozent-Regel nach dem Essen nichts falsch machen. Im Taxi aufrunden. Hotelpersonal wie in den meisten Ländern ein Obolus, der sich an der Anzahl der Koffer und der Nächte orientiert.

Lettland

Der Tourismusverband nennt fünf bis zehn Prozent im Restaurant als Orientierung und bezeichnet das Tippen im Taxi und im Hotel als unüblich aber nicht beleidigend.

Liechtenstein

Tippen eher unüblich. Manche Empfehlungen lauten auf fünf Prozent im Restaurant.

Litauen

Zehn Prozent auf die Restaurantrechnung. Taxi aufrunden oder auch zehn Prozent. 1-Euro-Regel im Hotel.

Luxemburg

Der Fremdenverkehrsverband gibt keine konkrete Empfehlung. Trinkgeld wird weder im Restaurant noch im Taxi erwartet, wer will, der darf aber. Das bezieht sich auch auf die Situationen im Hotel.

Malta

Fünf bis zehn Prozent im Restaurant und im Taxi. Hotelpersonal: Mit der 1-Euro-Regel kann nichts schief gehen.

Moldawien

Fünf bis zehn Prozent im Restaurant und im Taxi, 1-Euro-Regel im Hotel.

Monaco

Zehn Prozent in Restaurant und im Taxi, ein bis zwei Euro pro Koffer, ein bis zwei Euro für das Zimmermädchen pro Nacht.

Montenegro

Die Tourismusorganisation gibt keine Empfehlung. Reiseveranstalter nennen eine Spanne von zehn bis 15 Prozent im Restaurant, zehn Prozent im Taxi und ein bis zwei Euro für Kofferträger und Zimmerservice.

Niederlande

Aufrunden oder zehn Prozent im Restaurant und im Taxi, im Hotel ein bis zwei Euro für Kofferträger pro Stück und Zimmermädchen pro Nacht.

Norwegen

Tippen in Norwegen ist wenig verbreitet. Wer aber unbedingt will, kann im Restaurant fünf bis zehn Prozent geben, im Taxi aufrunden und sich im Hotel beim Kofferträger und Zimmermädchen im üblichen Rahmen bedanken.

Polen

Orientierungsmarken sind auch hier zehn Prozent im Restaurant, aufrunden im Taxi und ein Euro pro Koffer und pro Nacht im Hotel.

Portugal

Im Restaurant fünf bis zehn Prozent auf dem Tisch liegen lassen, im Taxi aufrunden. Je nach Hotelkategorie 50 Cent bis zwei Euro pro Koffer für den Hoteljungen und etwa diese Summe auch pro Übernachtung für das Zimmermädchen.

Rumänien

Im Restaurant zwischen fünf und zehn Prozent, im Taxi auf Wechselgeld verzichten, pro Koffer umgerechnet 50 Cent, pro Nacht umgerechnet ein Euro.

Russland

Trinken hat in Russland mehr Tradition als Trinkgeld. Man tut sich schwer mit Empfehlungen. Mit der Zehn-Prozent-Regel kann man nichts falsch machen. Mit Aufrunden im Taxi auch nicht. Und ein bis zwei Euro für die hilfreichen Geister im Hotel – pro Koffer und pro Nacht – sind sicher auch nicht verkehrt.

Schweden

Empfehlungen für das Restaurant umfassen eine Spanne von fünf bis zehn Prozent. Taxi aufrunden. Trinkgeld im Hotel in der üblichen Höhe.

Schweiz

Aufrunden im Restaurant und im Taxi reicht aus. Der Hotelboy erwartet bei normalem Reisegepäck etwa fünf Euro oder Franken für seine Hilfe. Auch das Zimmermädchen kommt besser weg als in den meisten Ländern. Hier lauten die Empfehlungen zwischen 1,5 und fünf Franken am Tag. Es gibt keine konkreten Empfehlungen des Tourismusverbandes.

Serbien

Zehn Prozent im Restaurant, aufrunden in der Droschke, ein bis zwei Euro für Kofferträger und Zimmermädchen.

Slowakei

Fünf bis zehn Prozent im Restaurant, aufrunden bei einer Taxifahrt, ein bis zwei Euro nach dem bekannten Muster für die Hilfe des Kofferträgers und des Zimmermädchens.

Slowenien

Der Tourismusverband sagt: Trinkgeld ist unüblich, aber wer denn unbedingt will, der rundet auf oder gibt etwa zehn Prozent im Restaurant, verzichtet auf Kleingeld im Taxi, gibt dem Kofferträger auch etwas und dem Zimmermädchen einen Euro pro Nacht.

Tschechien

Für das Restaurant ergibt sich eine Spanne von zehn bis 15 Prozent, beim Taxifahrer wieder aufrunden, und im Hotel greift wieder die 1-Euro-Regel pro Koffer und Nacht.

Ungarn

Gut zehn Prozent im Restaurant können die Ausgangsmarke sein, es gibt aber Empfehlungen, die reichen bis 20 Prozent. Für Taxifahrer werden zehn bis 15 Prozent genannt, für Zimmerservice ein Euro pro Nacht und etwa seine solche Summe auch pro Koffer.

Zypern

Es wird Trinkgeld im Restaurant erwartet, und zwar zwischen fünf und zehn Prozent, ebenso im Taxi. Im Hotel jeweils ein Euro pro Koffer und Nacht.

Lieber zu den Haien? Tippen in USA

„Stoße einen Australier in einen Pool mit Haifischen, Kro-kodilen, Giftquallen und Seeschlangen und er wird wahr-scheinlich gerne ein paar Runden darin schwimmen, wenn das bedeutet, dass er sich in seinem nächsten USA-Urlaub nicht mehr um das Thema Trinkgeld sorgen muss."

Peter Mitchel in einem Bericht der australischen Nachrich-tenagentur AAP

Trinkgeld geben in den USA, das ist buchstäblich ein Kapitel für sich. Die meisten Europäer tun sich schwer, den amerikanischen Trinkgeld-Konventionen zu folgen. Mit dem Ergebnis, dass die meisten amerikanischen Service-kräfte nicht gerade in Jubel ausbrechen, wenn zum Bei-spiel eine deutsch sprechende Gruppe zum Dinner kommt.

Europäer empfinden das erwartete Trinkgeld in den Vereinigten Staaten als exorbitant hoch. Und nicht selten tippen sie deswegen weit unterhalb der Norm. Sie sind es eigentlich gewohnt, dass die in der Speisekarte genannten Preise den Service und die Steuern einschließen. Das ist aber in den USA nicht der Fall, so dass man grob 30 Pro-zent im Geiste zum ausgewiesenen Preis hinzufügen sollte.

Das hohe Trinkgeld hat seinen Grund vor allem darin, dass Kellnerinnen und Kellner in den Vereinigten Staaten meist ein Gehalt unterhalb der gesetzlichen Mindestlöhne erhalten, da der Arbeitgeber unterstellen darf, dass der fehlende Lohn durch Trinkgelder ausgeglichen wird. Auch gut zu wissen: Im Gegensatz zu Deutschland müssen die Trinkgelder in der US-Gastronomie versteuert werden, auch wenn die Behörden annehmen, dass 40 Prozent des Trinkgeldaufkommens der Steuer nicht gemeldet werden. Es geht um viel Geld. Fachleute schätzen das Trinkgeldaufkommen allein in US-Restaurants auf mehr als 20 Milliarden Dollar jährlich.

Fakt ist, dass durchschnittlich rund zwei Drittel eines Kellner-Einkommens auf das „Tipping" zurückzuführen sind. Da wundert es nicht, wenn einschlägige Webseiten mit zahlreichen Tipps zur Tip-Maximierung aufwarten. So steigen die Trinkgelder angeblich um durchschnittlich 17 Prozent, wenn die Bedienung eine Blume im Haar hat. Sind wir wirklich so einfach zu manipulieren? Ebenso soll das Trinkgeld wachsen, wenn der Kellner einen Zettel auf dem Tisch zurücklässt, der für den kommenden Tag schönes Wetter verheißt – völlig egal, ob das der Wetterbericht hergibt oder nicht. Auch die von Psychologen bestätigte Erkenntnis, dass Menschen meist nichts schuldig bleiben wollen, wird angewendet, und zwar gerne mit einem Stück Candy, das dem Gast geschenkt wird, der sich daraufhin veranlasst sieht, ein etwas höheres Trinkgeld zu geben. Nirgendwo in der Welt wird intensiver daran gearbeitet, die Trinkgelder in die Höhe zu schrauben als in den USA. Dabei geht es in erster Linie um Tricks und nicht um

Servicequalität. Eine US-Hotelschule listet alle möglichen Ideen auf, mit denen man zu höheren Trinkgeldern kommt. Aber erst an 13. Stelle findet sich der Vorschlag „provide good service".

„Wenn es weniger als 15 Prozent sind, dann kommen die Kellner einem hinterher und herrschen einen an", wetterte der Schriftsteller und Journalist Peter Richter aus New York für die „Süddeutsche Zeitung". Wer im Coffeeshop drei Dollar für den Kaffee bezahle, der könne beim Bezahlen mit der Kreditkarte zwischen den voreingestellten Optionen für ein Trinkgeld zwischen einem, zwei oder drei Dollar wählen. Ähnlich trickreich sind die Bezahlsysteme in den Taxen eingestellt. Und viele fallen darauf herein.

All das ärgert auswärtige Besucher mitunter mächtig. Im Taxi und im Coffeeshop kann man die Geräte austricksen, indem man bar bezahlt und in bar ein Trinkgeld gibt, das in diesen Fällen auch nicht mehr als zehn Prozent betragen muss. Im Restaurant aber sollte man die Einkommenssituation der Servicekräfte berücksichtigen und deutlich höher tippen als in Europa.

Aber wieviel ist nun angemessen im Restaurant? Der seit 40 Jahren in den USA lebende deutsche Unternehmensberater Dr. Rolf Schmelzer: „Mit 20 Prozent Tip ist man auf der sicheren Seite. Aber Deutsche geben meist weniger, weil sie das System nicht verstehen." Schmelzer hält den Service in US-Restaurant für eindeutig besser als den in deutschen Restaurants. „Das Personal ist freundlicher und höflicher als in Deutschland, wenn auch manchmal etwas oberflächlich", sagt er. Auch hat er beobachtet, dass Kellnerinnen und Kellner gesellschaftlich respektierter sind als in seinem Heimatland. Das mag auch daran liegen, dass jeder dritte Amerikaner seinen ersten Job in einem Restaurant hatte und Restaurants der zweitgrößte private Arbeitgeber in den Vereinigten Staaten sind.

Schmelzer wird in seiner Trinkgeldeinschätzung bestätigt durch die Webseite „immihelp.com", in der Einwanderer und Langzeit-Besucher Informationen zum Land finden. Für das Tipping im Restaurant werden hier 15 bis 20 Prozent empfohlen oder eine runde Summe in diesem Korridor.

Anders verhält es sich, wenn auf der Rechnung bereits eine „service charge" von beispielsweise 18 Prozent ausgewiesen und zur Gesamtsumme hinzugerechnet wurde. Meist wird dem Gast dann noch die Möglichkeit eingeräumt, ein zusätzliches Trinkgeld zu geben. In den meisten Fällen tun die Gäste das nicht, es sei denn, der Service war wirklich herausragend. Dann tippen manche Gäste zusätzlich noch einmal etwa im Bereich von fünf Prozent.

Taxifahrer sollten laut dieser Seite zehn Prozent Trinkgeld bekommen, Gepäckträger am Airport oder im Hotel ein bis zwei Dollar pro Gepäckstück, Zimmermädchen bei einer Woche Aufenthalt 10 Dollar und Friseure, Masseure und verwandte Berufe zwischen zehn und 20 Prozent. Kein Trinkgeld an Tankstellen.

Tückisch wird's allerdings beim Promi-Friseur. Überliefert ist das Erlebnis der Gattin eines australischen Journalisten bei einem Friseur in Manhattan: Sie wollte sich nur die Haare waschen und föhnen lassen. Jemand brachte einen Tee und legte einen leeren Briefumschlag neben sie. Ein anderer kam, um die Haare zu waschen. Und legte einen weiteren leeren Briefumschlag neben sie. Jemand kam zum Föhnen – und ein dritter Briefumschlag wurde deponiert. Die Frau wusste nicht, wozu die Umschläge dienten, zahlte 100 US-Dollar für Waschen und Föhnen und verließ den Salon. Als sie das Mysterium der Briefumschläge im amerikanischen Bekanntenkreis ansprach, erntete sie Reaktionen zwischen peinlichem Schweigen und herzhaften Lachern. In den ersten Umschlag hätten zwei bis drei Dollar gehört, in den zweiten fünf und in den dritten 20.

Unterm Strich sind Trinkgelder also bei längeren Reisen in die USA durchaus ein eigener Posten in der Finanzplanung, die auch eine ausreichende Versorgung mit Ein- und Fünf-Dollar-Noten vorsehen sollte.

Alle Versuche, das Trinkgeld zurückzudrängen, haben bisher in den Staaten wenig gefruchtet. Obwohl in einigen Staaten der USA zeitweise sogar das Tippen verboten war, auch in der Hauptstadt, Washington D.C. In einigen Staaten wurde Gebern wie Nehmern von Trinkgeld Strafe angedroht, in anderen wurden nur die bestraft, die es nahmen.

In den letzten Jahren haben einige Gastronomen, darunter auch prominente, versucht, No-Tipping-Gaststätten zu betreiben. Mit nur mäßigem Erfolg. Viele kehrten nach einiger Zeit wieder zum alten System zurück. Die Kundschaft blieb in Teilen aus. Das lag nicht nur an den notgedrungen höheren Preisen auf der Speisekarte. Außerdem brachten es viele amerikanische Gäste kaum über sich zu gehen, ohne ein Trinkgeld zu hinterlassen. Einige fühlten sich auch der Möglichkeit beraubt, durch die Trinkgeldhöhe Lob oder Kritik zu üben und fürchteten, der Service könne mit der Zeit schlechter werden.

Da zeichnet sich also auch keine Lösung ab für unsere verzweifelten Australier, die lieber im Haifischbecken schwimmen und mit Krokodilen kämpfen als in den USA zu tippen. Einen Ausweg gibt es aber für alle, die Trinkgeld vermeiden wollen: Essen im Burger-King oder bei McDonalds.

Noch ein letzter Hinweis zum Tippen im amerikanischen Restaurant: Wenn Sie irgendwo lesen sollten, es sei üblich, vorher und viel zu tippen, um einen guten Tisch zu kriegen, dann vergessen Sie das ganz schnell wieder. Das sind „Fake News", würde ein bekannter Politiker in Washington sagen.

Kanada

Für Kanada gilt Ähnliches wie für die USA: 15 bis 20 Prozent sind ein Muss, sofern keine Servicegebühr bereits in der Rechnung enthalten ist. Im Taxi sind zehn bis 15 Prozent angemessen, der Hotelboy bekommt ein bis zwei kanadischen Dollar pro Gepäckstück, die Zimmermädchen zwei Dollar am Tag oder zehn in der Woche.

In Asien ist alles anders

„Stilles bescheidenes Leben gibt mehr Glück als erfolgreiches Streben, verbunden mit beständiger Unruhe."

Das schrieb Albert Einstein 1922 in Tokio auf Hotelbriefpapier und bedankte sich so bei einem Boten.

Asien ist der Erdteil, in dem das Tippen am wenigsten verbreitet ist. In Japan ist es fast immer eine Beleidigung, in China kann es das sein, und in anderen asiatischen Ländern ist es oft nicht üblich. Doch die Ausnahmen nehmen zu, das Geben von Trinkgeld verbreitet sich vor allem in touristischen Gebieten und dort in Hotels, die überwiegend von Europäern und Amerikanern bevölkert werden. Vor einer Asienreise sollten Sie sich auf jeden Fall mit dem Thema Trinkgeld in den Ländern befassen, die Sie besuchen wollen. Sie können viel falsch machen. Vor allem in Japan.

Japan

Wenn Japaner einen Deal machen, dann gestalten sie die Vertragsunterzeichnung gerne feierlich, am liebsten in Japan. So landete denn der Chef eines mittelständischen deutschen Unternehmens eines Tages in Tokio, wo zunächst in einer feierlichen Zeremonie der Vertrag unterschrieben wurde. Es folgte ein traditionelles Abendessen.

Jeder Teilnehmer bekam eine Geisha zur Seite, die ihn bediente. Zur Vorsicht: Mit Sex hat das nichts zu tun. Am Ende des Abends schoss dem deutschen Geschäftsmann die Frage durch den Kopf: Tippe ich jetzt die Geisha? Oder übernimmt das mein Gastgeber? Aber da gab es doch sowieso in Japan ein Problem mit dem Trinkgeld...

Er hat nicht getippt und sich eine fette Blamage erspart. Japan ist weltweit die letzte Bastion, in der das Geben von Trinkgeld wirklich, wirklich verpönt ist. Allenfalls Fremdenführer machen schon mal eine Ausnahme. Ansonsten gilt: Trinkgeld nicht anzunehmen, das ist tief verwurzelt in der Kultur und wird jedem Japaner mit der Erziehung eingebläut. Denn Tippen entwürdigt nach japanischer Überzeugung die Situation.

Eine gute Nase, sich trotz des Trinkgeldverbotes erkenntlich zu zeigen, bewies Albert Einstein 1922 in Tokio. Ein Bote hatte ihm eine Nachricht überbracht. Einstein wollte sich bedanken und tat das mit einem Bogen Hotel-Papier, auf den er folgende Zeilen schrieb: „Stilles bescheidenes Leben gibt mehr Glück als erfolgreiches Streben, verbunden mit beständiger Unruhe." Der Bote nahm das Papier an, welches in seiner Familie weitergegeben wurde. Ein Erbe ließ es 2017 versteigern und erzielte damit nach übereinstimmenden Berichten seriöser Nachrichtenagenturen einen Erlös von 1,3 Millionen Euro.

China

Am Thema Trinkgeld in China scheiden sich die Geister. Die Empfehlungen umfassen eine Spanne von „Kein Trinkgeld geben. Damit beleidigt man die Menschen." (ein China-Forum) bis hin zu „Tippen wie in Amerika ist angemessen." (ein China-Reisveranstalter). Möglicherweise liegt die Unterschiedlichkeit der Empfehlungen auch an der wechselvollen Trinkgeldgeschichte des Landes.

Vor dem Kommunismus war Trinkgeld zu geben ein in China weitgehend verbreiteter Vorgang. Das wurde häufig geradezu zelebriert. Wer ein gutes Trinkgeld im Lokal gab, der wurde lautstark von der versammelten Service-Mannschaft verabschiedet. Im Kommunismus war Tippen während der Regierungszeit Maos verboten, bevor dann in den 80er und 90er Jahren eine wahre Trinkgeldwelle über das Land schwappte. Etwa um das Jahr 2000 herum, so erinnern sich in China damals tätige europäische Geschäftsleute, verebbte diese Welle zum Teil.

Der lange Zeit in China stationierte deutsche Firmenrepräsentant Dr. Hans-Jörg Geduhn erinnert sich: „2005 waren wir in einem Restaurant, das vorwiegend von Chinesen besucht wurde. Als unser Gastgeber beim Bezahlen eine Summe auf den Tisch legte und sagte, das stimme so, meinte die Kellnerin: Nein, mein Herr, Sie haben sich verrechnet, Sie bekommen noch etwas zurück."

Klar ist: In chinesischen Restaurants, in dem vorwiegend Chinesen verkehren, sind Trinkgelder meist verpönt. Die Servicekraft wird das Trinkgeld zurückweisen und über den erlittenen Gesichtsverlust erbost sein. Das ist peinlich für alle Beteiligten. Und nicht alle Kellnerinnen können so diplomatisch reagieren wie die eben zitierte. Ausnahmen dürfen Sie machen in ausländischen Hotels und dort, wo Stätten sichtbar beherrscht werden von ausländischen, westlichen Touristen.

Geduhn: „In China gibt es zwei Trinkgeldwelten, die der Chinesen und die der Ausländer." Und diese beiden sollte der Gast tunlichst auseinanderhalten können, wenn er denn im Lokal überhaupt tippen will. Geduhn selbst hat sich inzwischen so entschieden: „Chinesen geben kein Trinkgeld. Also tue ich es auch nicht. Wenn ich eine Ausnahme mache, beispielsweise wenn ich in einem Hotel besonders gut bedient werde, mache ich das so diskret wie eben möglich."

Einig sind sich die Reiseveranstalter darin, dass Reiseleiter und deren Fahrer ein Trinkgeld erhalten sollten. Bei längeren Touren können das umgerechnet etwa zehn Euro pro Paar sein. Gepäckträger im Hotel sollten auch nicht leer ausgehen und pro Koffer umgerechnet ein oder zwei Euro erhalten. Etwa dasselbe ist okay für ein Zimmermädchen pro Tag. Taxifahrer sollten kein ausdrückliches Trinkgeld bekommen, man kann aber nichts falsch machen, wenn man leicht aufrundet und ohne große Geste auf herauszugebendes Kleingeld verzichtet.

In Hongkong liegen die Dinge aus historischen Gründen noch einmal etwas anders. Bis zu Übernahme 1997 durch die Chinesen floss das Trinkgeld in Strömen. Allerdings geschah dies auch hier eher im Kontakt zwischen europäischen, vornehmlich britischen Gästen und chinesischem Personal. Übereinstimmenden deutschen Ratschlägen für Hongkong zufolge sind fünf bis zehn Prozent im Restaurant angebracht, in amerikanischen Blogs finden sich auch Empfehlungen, die über zehn Prozent hinausgehen. Aufrunden im Taxi. Zimmermädchen und Kofferträger müssen auch nicht leer ausgehen.

Aber auch hier ist man vor Überraschungen nicht sicher. 2010 fährt Hans-Jörg Geduhn mit einer Hotellimousine zum Hongkonger Flughafen. Der junge Fahrer des Hotels nimmt eine Handvoll Münzen als Trinkgeld entgegen und sagt dann: „Es könnte gerne etwas mehr sein."

Ähnliches könnte dem Gast in Macau widerfahren, das 1999 von den Portugiesen an China übergeben wurde. Aus der einst romantischen, verruchten, schwülen Spielhölle wurde inzwischen ein Las Vegas des Ostens mit riesigen heruntergekühlten Hotelpalästen, in denen die teuersten Marken der Welt mit ihren Geschäften vertreten sind. Hier gelten die Empfehlungen für Hongkong, sofern man als Mensch aus dem Westen erkennbar ist.

Indien

In Indien wird Ihnen oft Armut begegnen, was Sie vermutlich veranlassen wird, milde Gaben zu verteilen, also Geld zu spenden, ohne dass eine Leistung für Sie erbracht wurde. Auch beim Bemessen von Trinkgeld wird Sie diese Armut vermutlich veranlassen, nicht kleinlich zu sein.

In Restaurants bekommen Bedienungen oft nur einen geringen Lohn. Fünf bis zehn Prozent des Rechnungsbetrages werden als Trinkgeld empfohlen. Zimmermädchen und Kofferträger im Hotel freuen sich über einen Dollar pro Koffer oder pro Nacht.

Wenn Sie ein Auto mit Fahrer buchen, reden Sie am besten mit Ihrem Reisebüro über ein angemessenes Trinkgeld; hier kommt es sehr auf die Umstände an. Nach einer längeren Tour kann man auch an ein persönliches Geschenk denken. Ein Münchner Ehepaar gab seinem Fahrer ein hohes Trinkgeld, das dieser freundlich und dankbar entgegennahm. Dann schenkten die zufriedenen Gäste dem Mann spontan noch eine gebrauchte, preiswerte Armbanduhr, da ihnen aufgefallen war, dass der Fahrer keine hatte. Die Uhr war weit weniger wert als das Trinkgeld. Der Fahrer brach vor Rührung in Tränen aus.

Mitunter wird aber auch recht aggressiv um Trinkgeld „gebeten". So wurde beobachtet, dass die berühmten Fischer in Cochin Touristen am Verlassen ihrer Fischereianlagen hinderten, bevor diese nicht ein Trinkgeld gaben. Und der Guide im Bus weist gerne daraufhin, dass nicht nur er ein Trinkgeld erwarte, sondern auch der Fahrer und der Assistent des Fahrers: „Wenn Sie gleich aussteigen, denken Sie daran, wir sind zu dritt."

Gewarnt wird davor, bettelnden Kindern ein „Trinkgeld" zukommen zu lassen. Dahinter steckten meist skrupellose Verbrechersyndikate, deren Geschäfte nicht gefördert werden sollten.

Indonesien

Trinkgeld wird in Indonesien gerne gesehen und ist vor allem in Touristengegenden üblich. Zehn Prozent im Restaurant sind ein Anhaltspunkt, umgerechnet ein bis zwei Euro für den Kofferträger und ein ebensolcher Betrag für das Zimmermädchen passend. Im Taxi werden fünf Prozent oder Aufrunden empfohlen.

Kambodscha

Auch hier wird gerne von Touristen Trinkgeld genommen: Fünf bis zehn Prozent der Restaurantrechnung, im Hotel das übliche für Kofferträger und Zimmermädchen, Taxi aufrunden.

Laos

In Laos ist Tippen nicht üblich aber akzeptiert. Wer möchte, der lässt im Restaurant zehn Prozent, ein Fremdenführer freut sich über fünf bis zehn Dollar am Tag, sein Fahrer bekommt wie üblich die Hälfte. Taxifahrer erhalten kein Trinkgeld. Zimmermädchen und Kofferträger zu tippen ist auch eher unüblich, mit ein oder zwei Dollar können Sie aber auch nichts falsch machen.

Malaysia

Einheimische tippen hier meist nicht. Was den Touristen angeht, lauten die Empfehlungen von „Restaurant zehn Prozent, Taxi aufrunden, Zimmermädchen umgerechnet ein bis zwei Euro die Woche" bis „keine Trinkgeld-Erwartung, wenn überhaupt, dann nur aufrunden". Den entscheidenden Unterschied macht auch hier: Befinde ich mich in einer Touristengegend oder nicht, und bin ich in einem westlichen Hotel oder nicht.

Malediven

Trinkgeld wird nicht erwartet aber geschätzt. Service ist überall inbegriffen. Im Restaurant bietet es sich an, das Wechselgeld liegen zu lassen. Private Boot-Taxis einige Dollar, im Hotel ein bis zwei Dollar pro Koffer, Zimmermädchen zwei USD am Tag.

Myanmar

Trinkgelder sind in Myanmar unüblich, werden aber auch nicht als beleidigend empfunden. Wenn Sie also gerne tippen wollen, können Sie das in einem eher bescheidenen Maße tun. Am ehesten bietet es sich noch an, Fremdenführer samt Fahrer zu tippen, wenn Sie zufrieden waren.

Nepal

Zählt zu den armen Ländern Asiens. Dennoch sollte man bettelnden Kindern nichts geben, um sie nicht von der Schule abzuhalten. Empfohlen: Fünf bis zehn Prozent im Restaurant, Taxi aufrunden, Guide für einen Tagesausflug fünf Dollar. Beim Trekking gelten andere Regeln, die sich aus den jeweiligen Umständen ergeben. Hier weiß der Veranstalter Rat.

Philippinen

Tippen ist dort inzwischen verbreitet: Zehn Prozent zusätzlich zum Rechnungsbetrag, auch wenn der den Service schon umfasst. Aufrunden beim Taxi und die übliche Summe für Kofferträger und Zimmermädchen (umgerechnet ein bis zwei Euro pro Koffer bzw. pro Nacht).

Singapur

Eine Trinkgeldrecherche zu Singapur ergibt nicht nur unterschiedliche Antworten im Detail sondern zum Teil völlig entgegengesetzte Informationen. Das geht von „Trinkgelder geben im Hotel und im Restaurant ist verboten" bis „Trinkgelder sind zwar gerne gesehen aber kein Muss".

Vorschlag: Wenn Sie sicher gehen wollen, tippen Sie überhaupt nicht. Das wird Ihnen keiner übelnehmen. Wenn Sie es aber in einem guten Hotel nicht über sich bringen, dass jemand Ihre Koffer schleppt ohne einen Tip zu bekommen, dann geben Sie ihm ein bis zwei Singapur-Dollar. Das können Sie auch mit dem Zimmermädchen machen, ohne dass Sie dafür ins Gefängnis kommen. Nur im Flughafen ist Tippen verboten. Dem Taxifahrer können Sie sagen: „Keep the change".

Bleibt noch das Thema Restaurant. Hier kann es Ihnen passieren, dass ein Trinkgeld zurückgewiesen wird. In einigen Restaurants haben die Betreiber ihrem Personal die

Annahme von Trinkgeld verboten. Andererseits können das nicht allzu viele sein, denn die offizielle Tourismusseite Singapurs (visitsingapore.com) schlägt vor, bei gutem Service ein Trinkgeld zu geben, auch wenn die Standard-Service-Charge von zehn Prozent schon auf der Rechnung steht. Dieser Ratschlag hat allerdings wiederum die örtliche Zeitung The Straits Times auf den Plan gerufen: „Singapur hat keine Trinkgeld-Kultur", kommentierte sie. Am besten tippt man nach dem Essen nur dann, wenn es sich um ein klar von Touristen bevölkertes Restaurant handelt.

Südkorea

In Südkorea gilt Tippen mitunter als ungebührlich und beleidigend. Auf keinen Fall sollte man in einem koreanischen Restaurant Trinkgeld geben, nur in westlichen, touristisch geprägten Hotels und Restaurants ist Tippen akzeptiert. Im Zweifel lassen Sie es lieber ganz. Im Taxi können Sie auf das Wechselgeld verzichten.

Sri Lanka

In Sri Lanka wiederum wird ein Trinkgeld gerne entgegengenommen. Im Restaurant werden zehn Prozent empfohlen, im Hotel ein Dollar pro Koffer und ein bis zwei Dollar für das Zimmermädchen. Taxifahrer je nach Länge der Fahrt ein bis drei Dollar. Für einen ganztägigen Ausflug sind je nach Zufriedenheit zehn bis 20 US-Dollar ein guter Anhaltspunkt.

Taiwan

In Taiwan ist Tippen nicht üblich. In Restaurants werden zehn Prozent Trinkgeld und die Steuer auf die Rechnung gesetzt. Man sollte nicht zusätzlich tippen, schreibt das offizielle Tourismusbüro. Einzig dem Kofferträger kann man pro Stück 50 Cent oder einen US-Dollar geben. Wer trotzdem noch andere tippen will, kann das aber tun, ohne mit brüsker Zurückweisung rechnen zu müssen.

Thailand

In Thailand gibt es noch am ehesten eine gewisse Erwartungshaltung an das Trinkgeld. Thais selbst geben kein Trinkgeld, in touristischen Regionen gehört es aber dazu: Im Restaurant zehn Prozent, falls keine Servicegebühr auf der Rechnung steht. Wenn die Gebühr schon inkludiert ist, bietet sich ein Aufschlag von mindestens fünf Prozent an, in gehobenen Restaurants auch zehn. In der Garküche nicht tippen. Guides umgerechnet drei bis neun Dollar am Tag in der Landeswährung, Taxifahrer großzügig aufrunden. Hotel pro Koffer umgerechnet ein Dollar. Zimmermädchen zu tippen, ist eher unüblich aber etwas Kleingeld geht immer. Achtung: Wer protzige Trinkgelder verteilt, verliert den Respekt der Thailänder

Vietnam

Trinkgeld wird eher nicht erwartet. Wenn aber gewollt fünf bis zehn Prozent im Restaurant, Guides fünf bis zehn US-Dollar für einen Tagesausflug, Fahrer die Hälfte, Kofferträger ein bis zwei Dollar, Zimmermädchen ebenso. Beim Friseur kann es dem Touristen passieren, dass nach dem Haarschnitt beim Bezahlen offensiv um ein Trinkgeld gebeten wird.

Nahost: von null bis 15 Prozent

„Bakschisch wird gerne gesehen."

Reiseführer für Jordanien

Bahrein

Es gibt keine Trinkgeldverpflichtungen, im Restaurant sind zwischen zehn und 15 Prozent üblich, wenn das Trinkgeld nicht ausdrücklich enthalten ist. Das steht in der Regel in der Speisekarte. Beim Taxifahrer wird Aufrunden empfohlen, im Hotel 50 Cent bis ein Euro pro Koffer und dieselbe Summe pro Nacht für das Zimmermädchen.

Israel

Auch hier muss man nicht tippen, erwartet wird es aber. Im Restaurant werden fünf bis zehn Prozent empfohlen, wenn der Service inkludiert ist, sonst zehn bis 15. Für Kofferträger und Zimmerservice im Hotel können Sie mit je einem Euro pro Koffer und pro Nacht nichts falsch machen. Während das Tippen im Taxi unüblich ist, bekommt der Fahrer des Touristenbusses zwei bis drei Euro und der Reiseleiter drei bis fünf.

Jordanien

Bakschisch wird gerne gesehen. Zehn Prozent im Restaurant sind angemessen, Zimmermädchen und Kofferträger pro Nacht oder pro Koffer zwischen 50 Cent und einem Euro.

Oman

Es gibt keine ausgeprägte Trinkgeldtradition und kaum Regeln. Zehn Prozent im Restaurant und im Taxi sind eine Orientierung, ebenso 50 Cent bis ein Euro oder Dollar pro Koffer und Tag im Hotel.

Katar

Es gibt keine Trinkgelderwartung im Restaurant, wenn der Service inkludiert ist. Wer will, kann was drauflegen. Es ist aber weitgehend unüblich, Trinkgeld zu geben.

Saudi-Arabien

Trinkgeld ist üblich, zehn bis 15 Prozent im Restaurant, wenn das Bedienungsgeld nicht enthalten ist. Im Taxi zehn

Prozent, muss aber nicht sein. Im Hotel ein bis zwei Euro pro Koffer und Nacht.

Vereinigte Arabische Emirate

Wenn nicht schon enthalten, zehn bis 15 Prozent im Restaurant, aufrunden im Taxi, im Hotel Gepäckträger 50 Cent bis ein Euro, Zimmerservice ebenso pro Nacht.

Lateinamerika ohne roten Faden

„Trinkgelder sind das eigentliche Gehalt."

Spezialreiseveranstalter für Kuba

Hier die Werte für Mittelamerika...

Antigua und Barbuda

Wenn keine Service Charge auf der Rechnung auftaucht, ist es üblich, im Restaurant zwischen zehn und 15 Prozent Trinkgeld zu geben. Dies gilt auch für Taxifahrten. Ein US-Dollar pro Gepäckstück im Hotel und ein USD pro Nacht für den Zimmerservice sind ebenfalls üblich.

Bahamas

Wenn keine Servicecharge inkludiert ist, werden 15 Prozent im Restaurant als üblich empfohlen. Ähnlich hoch werden Taxifahrer getippt. Im Hotel wieder ein Dollar pro Koffer und ein Dollar pro Nacht für das Zimmermädchen.

Barbados

Meist sind auf der Rechnung bereits zehn Prozent für den Service ausgewiesen. Gerne wird aber noch ein zusätzliches Trinkgeld angenommen, zum Beispiel durch großzügiges Aufrunden. Aufrunden geht auch im Taxi, und im Hotel zieht wieder die 1-Dollar-Regel für Gepäckträger und Zimmerservice.

Costa Rica

Zehn Prozent sind meist schon auf der Restaurantrechnung, ein zusätzliches Trinkgeld geht aber immer bei Zufriedenheit. Aufrunden ist auch hier im Taxi angesagt, es geht aber auch ohne. Ein-Dollar-Regel im Hotel.

Dominica

Auch hier finden sich auf der Rechnung bereits zehn Prozent Servicegebühr, und auch hier hat niemand etwas dagegen, wenn es noch etwas extra gibt. Tippen im Taxi nicht nötig, aber Aufrunden geht immer.

Dominikanische Republik

Zehn Prozent auf die Restaurantrechnung sind üblich. Falls die Servicecharge schon auf der Rechnung steht, ist es nicht unüblich, bei gutem Service dennoch einen Tip von zusätzlich fünf Prozent oder mehr zu hinterlassen. Pro Koffer ein US-Dollar, beim Zimmermädchen sind fünf US-Dollar pro Woche oder einer pro Tag angemessen. Im Taxi ist Trinkgeld nicht üblich, wird aber gerne gesehen. Für einen Tagesausflug mit dem Tour-Bus sollten zehn US-Dollar vorgesehen werden.

Grenada

Die Trinkgelderwartungen sind insgesamt nicht besonders ausgeprägt. Zehn Prozent im Restaurant, falls der Service nicht schon extra ausgewiesen wurde. Für den Gepäckträger ist ein Dollar für seine Hilfe passend, bei viel Gepäck auch mehr, für das Zimmermädchen pro Nacht ebenfalls ein Dollar. Im Taxi kann man aufrunden, muss es aber nicht tun.

Honduras

Auch hier im Restaurant zehn Prozent, wenn nicht schon auf der Rechnung ausgewiesen. Kofferträger un-Zimmermädchen auch hier nach der Ein-Dollar-Regel. Der Taxifahrer erwartet kein Trinkgeld.

Jamaica

Im Restaurant zehn bis 15 Prozent, falls kein Tip auf der Rechnung steht, sonst ein kleines Extra. Auch für Taxifahrten wird ein kleines Trinkgeld empfohlen. Für Kofferträger sind ein US-Dollar oder 100 Jamaica-Dollar üblich, auch das Zimmermädchen sollte nicht leer ausgehen.

Kuba

Kuba befindet sich im Umbruch. Während ein großer deutscher Reiseveranstalter eher zurückhaltend formuliert, Trinkgelder „sind im Kommen", spricht ein kleinerer Spezialreiseveranstalter schon davon, dass das Trinkgeld das eigentliche Gehalt der Tourismusarbeiter auf Kuba sei. Im Restaurant werden weitgehend übereinstimmend zehn Prozent empfohlen. Wenn diese schon von vorneherein auf der Rechnung stehen, möge der Gast trotzdem noch etwas drauflegen. Für das Zimmermädchen werden bis zu drei US-Dollar pro Nacht empfohlen. Ein bis zwei

Dollar seien für die Hilfe des Kofferträgers angebracht. Auch wenn einige Quellen Dollar als Trinkgeld-Währung nennen, empfiehlt sich die amerikanische Währung auf Kuba wegen der hohen Umtauschverluste nicht. Besser ist der Peso convertible (CUC). Auch Tippen mit Euro ist okay.

Mexiko

Die Trinkgeld-Empfehlungen für Restaurants reichen von zehn bis 20 Prozent, falls auf der Rechnung keine Servicecharge genannt wird. Im Taxi gibt es keine Erwartung. Der Kofferträger bekommt gewöhnlich einen US-Dollar pro Stück und der Zimmerservice einen Dollar pro Nacht.

Panama

Für Restaurants lauten die Empfehlungen auf zehn Prozent, im Taxi ist Tippen nicht nötig, Aufrunden geht aber immer. Pro Koffer sollte der Träger 50 Cent bekommen. Der Zimmerservice sollte auch nicht leer ausgehen.

Saint Kitts und Nevis

Im Hotel werden oft zehn Prozent Bedienaufschlag hinzuaddiert. Da wären dann Tips für den Kofferträger und das Zimmermädchen nicht unbedingt nötig. Im Restaurant werden zehn bis 15 Prozent erwartet, im Taxi zehn.

Saint Lucia

Grobe Richtung: Zehn Prozent im Restaurant, Gepäck ein US-Dollar und ein Dollar pro Nacht. Taxifahrer aufrunden oder auch zehn Prozent.

Saint Vincent

Zehn Prozent im Restaurant, Taxi nicht nötig, aufrunden geht aber immer. Hotels erheben mitunter Servicegebühren, so dass Tippen von Hotelservicepersonal nicht unbedingt nötig ist. Aber Trinkgeld wird hier immer gerne gesehen.

Trinidad und Tobago

Es gibt unterschiedliche Berichte darüber, ob in Hotels und Restaurants Servicepauschalen in der Regel eingerechnet und ausgewiesen werden. Also erkundigt man sich am besten vor Ort, wenn es nicht ersichtlich ist. Wenn nichts davon ausgewiesen ist, werden zehn bis 15 Prozent im Restaurant erwartet und zehn Prozent im Taxi. Fürs

Koffertragen und den Zimmerservice wäre dann die übliche Summe zu empfehlen: Ein Dollar pro Koffer, ein Dollar pro Nacht.

...und hier für Südamerika:

Argentinien

Die Trinkgeldempfehlungen für Restaurants lauten auf eine Spanne von fünf bis zehn Prozent, für das Zimmermädchen ein bis zwei Euro pro Nacht, für den Kofferträger ein bis zwei Euro pro Gepäckstück. Ein Reiseleiter freut sich für einen Tagesausflug über fünf Euro pro Person. Im Taxi aufrunden oder ein Dollar, wenn der Fahrer beim Ein- und Ausladen geholfen hat.

Bolivien

Im Restaurant rechnet man mit zehn Prozent, es sei denn, diese zehn Prozent tauchen bereits auf der Rechnung auf. Dann kann man bei besonderer Zufriedenheit noch zwei, drei Dollar dazu legen. Für Reiseleiter lauten die Trinkgeldempfehlungen auf zwei bis drei US-Dollar, für den Fahrer die Hälfte. Der Hoteljunge erwartet pro Koffer einen Dollar, das Zimmermädchen pro Nacht ein bis zwei Dollar. Bei einer kurzen Fahrt im Taxi ist kein Trinkgeld üblich.

Brasilien

Manchmal steht ein Trinkgeld mit zehn Prozent schon auf der Rechnung. Wer das nicht will, kann die Rechnung ändern lassen, was praktisch aber niemand tut. Wie auch immer sind zehn Prozent das, was an Trinkgeld erwartet wird. Im Taxi wird meist aufgerundet, im Hotel gibt man pro Koffer ein bis zwei Dollar, pro Nacht ebenfalls. Der Guide erwartet drei bis fünf Dollar.

Chile

Zehn Prozent im Restaurant, im Hotel umgerechnet ein bis zwei Dollar pro Nacht, ein Euro pro Gepäckstück. Im Taxi wird aufgerundet.

Kolumbien

In einigen Restaurants findet sich kein Trinkgeld auf der Rechnung. Dann ist es üblich, zehn Prozent zu geben. Andere addieren bereits zehn Prozent Trinkgeld auf der Rechnung. Wenn Sie nicht zufrieden waren, können Sie diese Position auf der Rechnung wieder streichen. Und wenn Sie besonders zufrieden waren, dann können Sie noch etwas drauflegen. Ansonsten lauten die Empfehlungen Hotelboy pro Koffer ein USD, Zimmermädchen pro

Nacht ein bis zwei USD, Reiseleiter für einen Tag fünf bis zehn US-Dollar, Fahrer die Hälfte.

Paraguay

Das Land hat keine Trinkgeldtradition, mitunter heißt es auch, Tippen sei verpönt. Gleichwohl empfehlen die meisten Quellen, im Restaurant dem Kellner zehn Prozent zu geben, wenn Trinkgeld nicht schon eingerechnet ist. Tippen im Taxi ist unüblich, wenn viel Gepäck bewegt werden muss, geben die meisten aber etwas. Im Hotel nach eigenem Gusto.

Peru

Da der Tourist in Peru häufig auch in ländlichen Gebieten unterwegs ist, empfiehlt es sich, in der Landeswährung (peruanischer Sol) zu tippen. Im Restaurant wird eine Spanne von fünf bis 20 Prozent empfohlen, je nach Zufriedenheit, Örtlichkeit und Höhe der Rechnung. Umgerechnet 75 Cent sind im Hotel pro Gepäckstück für den Kofferträger angemessen, ebenso pro Nacht für das Zimmermädchen. Im Taxi wird nicht getippt. Umgerechnet fünf bis zehn Euro erhält der Reiseleiter für einen ganztägigen Ausflug. Bei Treks mit Köchen, Trägern usw. empfiehlt es sich, die Trinkgeldfrage mit dem Veranstalter zuvor zu erörtern.

Uruguay

Zu Uruguay sind die Empfehlungen in ihrer Summe wenig konkret. Übereinstimmende Empfehlungen im Restaurant lauten auf zehn Prozent. Auch Taxifahrer wünschen sich ein Trinkgeld. Für Services im Hotel werden auch Trinkgelder empfohlen.

Australien - Wer mieft, geht leer aus

„Zwei Dollar, wenn der Fahrer geduscht hat."

Die australische Stilberaterin Anna über Trinkgelder im Taxi

Anders als in den USA und vergleichbar mit Europa schreibt das Gesetz in Australien vor, in den Rechnungsbeträgen die Steuer und den Service zu inkludieren. Tippen in Down Under ist vergleichsweise stressfrei. Man kann nicht viel falsch machen.

In Hotels sind für den Kofferträger fünf australische Dollar angemessen, bei längerem Aufenthalt auch ein paar Dollar für das Zimmermädchen. In Restaurants heißt es ähnlich wie in Deutschland, zehn Prozent seien bei gutem Service angemessen; eine aus der Konvention sich ergebende Pflicht existiert aber nicht.

Schmunzeln am Rande: Für eine Taxifahrt empfiehlt die australische Stilberaterin Anna Musson: „Du kannst zwei Dollar geben oder auch zehn Prozent vom Fahrpreis, falls das Taxi sauber ist und der Fahrer geduscht hat." Die meisten Australier würden aufrunden auf die nächsten fünf Dollar. Für Fremdenführer empfiehlt Anna zehn (australische) Dollar pro Paar.

Am Beispiel Australien wird bei einer Recherche aber auch klar, wie unterschiedlich Trinkgeldempfehlungen ausfallen können. So schreibt ein bekannter deutscher Reiseführer-Verlag, Trinkgeld sei in Australien unüblich.

Ein großer deutscher Fernsehsender hält dagegen und nennt mit 15 bis 20 Prozent Trinkgeld eine Höhe, wie sie sonst nur in den USA üblich ist. Am besten vertrauen Sie unserer oben zitierten Anna. Die scheint eine gute Nase zu haben.

Neuseeland: Nicht wie in Japan, aber...

„No thank you, Sir, I get paid by Shell."

Neuseeländischer Tankwart in Auckland

In Neuseeland treffen wir auf eine andere Mentalität, die mit dem besonderen Stolz der Menschen dort zu tun hat. Ein deutsches Paar erlebte folgendes: Nach einem Lunch in einem abgelegenen Strandlokal setzte starker Regen ein. Auf das nächste Taxi hätten die beiden stundenlang warten müssen. In Absprache mit dem Restaurantleiter fährt sie eine Servicekraft mit ihrem Privatwagen zurück in die Pension. Die Gäste möchten sich am Ziel bedanken und der jungen Frau eine 20-Dollar-Note geben. Deren Reaktion: „Nein danke, ich habe Euch nicht gefahren, um ein Trinkgeld zu bekommen, sondern weil ich Euch nett finde."

Ein zweite Erfahrung: In Neuseeland ist es üblich, dass man an der Tankstelle bedient wird, etwas, was in Deutschland ja lange Zeit nicht der Fall war aber nun langsam wieder um sich greift. Als der Tourist dem Tankwart zwei Dollar geben will, sagte der freundlich aber bestimmt: „No thank you, Sir. I get paid by Shell."

Nun ist es aber nicht so wie in Japan. Ein Trinkgeld ist in Neuseeland nicht per se beleidigend. Gängig ist es allerdings nur in guten Restaurants (fünf bis zehn Prozent, wenn zufrieden) und im Taxi (aufrunden). Und wahrscheinlich wird auch der Kofferträger im Hotel ein Trinkgeld nicht zurückweisen. Wenn Ihnen aber der Eigentümer einer Pension mit dem Gepäck helfen sollte, dann lassen Sie Ihre Dollars besser stecken.

Südsee - Paradies mit Trinkgeldfalle

„Ein Geschenk verlangt ein Gegengeschenk."

Höflichkeitsregel in der Südsee

Tippen in der Inselwelt der Südsee kann gewaltig in die Hose gehen. So widersprechen Trinkgelder der traditionellen Gastfreundschaft der Polynesier und werden häufig nicht angenommen. Außerdem verlangt ein Geschenk ein Gegengeschenk. Was also soll der arme Gepäckträger tun, wenn Sie ihm zwei Dollar in die Hand drücken?

Gleichwohl ändert der Tourismus auch hier die Sachlage: Von „Trinkgeld ist beleidigend" über „Trinkgeld wird nicht erwartet" kommt man derzeit zu „Na ja, vielleicht ja doch".

Wenn Sie unbedingt ein Trinkgeld geben wollen, weil Sie die Landschaft und die Menschen mit Ihrer Freundlichkeit überwältigt haben, gibt es eine Chance oder zwei. Am einfachsten ist es im Hotel. Dort haben Sie in der Regel die Möglichkeit, an der Rezeption nach der Gemeinschaftskasse zu fragen und dann einen Betrag Ihrer Wahl einzuwerfen. Wer es stilvoll mag, versteckt seinen Obolus in einem Briefumschlag. Sie haben dann niemand in Verlegenheit gebracht. Niemand muss sich den Kopf zerbrechen, was er Ihnen nun zurückschenken kann.

Wenn Sie trotzdem individuell tippen wollen, dann sollten Sie das Trinkgeld persönlich übergeben und begründen. Vorschlag für eine Begründung: „Das war so ein unglaublich toller Service, dass ich gar nicht anders kann, als Ihnen einen kleinen Tip zu geben, obwohl ich ja weiß, dass das eigentlich hier nicht üblich ist. Ich hoffe, Sie sind mir nicht böse." Na ja, vielleicht geht es auch etwas weniger dick aufgetragen.

Wenn Sie aber unbedingt jemanden beleidigen wollen, lassen Sie achtlos das Wechselgeld auf dem Tisch im Restaurant liegen.

Augenmaß in Afrika

„Kein Trinkgeld für Kinder!"

Expertenrat für Afrika

Der Tourismus in Afrika boomt - und damit auch das Tippen dort. Nach allgemein verbreiteter Auffassung sollte der Reisende angesichts vergleichsweise karger Löhne in Afrika beim Trinkgeld nicht geizig sein.

Schert man diesbezüglich den ganzen Kontinent über einen Kamm, kristallisieren sich Empfehlungen heraus, die auch in einem europäischen Land nicht unüblich wären: In Restaurants bietet sich eine Spanne zwischen zehn und 15 Prozent an, für Gepäckträger ein US-Dollar (oder Ortswährung in ungefähr der Höhe) pro Koffer, ein bis zwei Dollar für Service im Hotel und zehn Dollar für Fremdenführer in Städten. Im Taxi wird aufgerundet oder auch zehn Prozent getippt.

Auf Safari gelten höhere Sätze: 15 Dollar für den Fahrer, zehn für den Fährtenleser, so lauten jedenfalls übereinstimmende Empfehlungen. Wer auf einer organisierten Tour einen Berg wie etwa den höchsten Afrikas, den Kilimandscharo, erklimmen will, erkundigt sich am besten vorher beim Veranstalter nach den lokalen Trinkgeld-Gepflogenheiten. Hier kommt es zu sehr auf die einzelnen Umstände an, als dass es eine durchgehende Empfehlung geben kann.

Kenner des Kontinents warnen bei aller vorgeschlagenen Großzügigkeit davor, Trinkgeld ohne Augenmaß zu verteilen. So wird oft mit eindringlichen Worten davon abgeraten, Kindern Trinkgeld zu geben. Das animiere Eltern, ihre Kinder nicht mehr in die Schule zu schicken sondern auf die Jagd nach Trinkgeldern auf die Straße.

Auch zu hohe Trinkgelder schaden, und zwar allen Beteiligten. Zu üppiges Tippen führt zu immer höheren Erwartungen. Und damit zu frustrierenden Erlebnissen auf beiden Seiten. Das sogenannte Overtipping scheint vor allem in Afrika ein Problem zu sein, da viele Menschen hier angesichts der verbreiteten Armut und des eigenen Wohlstandes besonders großzügig sein wollen.

Ein zugegebenermaßen extremer Fall spielte sich in Tansania ab. Ein reicher Safari-Urlauber schenkte seinem Guide in Tansania zum Abschied einen neuen Geländewagen. Klar, dass sich das wie der Blitz herumsprach. Und von nun an sannen die Kollegen des Glückspilzes intensiv darüber nach, wie sie es anstellen müssten, auch zu solchen Geschenken zu kommen. Ergebnis: Alle waren frustriert. Die Trinkgeld-Empfänger, weil auch ein gutes Trinkgeld regelmäßig nicht ihre Hoffnungen erfüllte, die Geber, weil den Nehmern die Enttäuschung oft anzumerken war.

In den einzelnen Ländern mit bedeutendem Tourismus-Aufkommen liegen die Empfehlungen nahe beieinander, doch gibt es ein paar Ausreißer.

Ägypten

Ohne Trinkgeld, ohne Bakschisch geht nichts in Ägypten. Viel muss es nicht immer sein, aber dauernd. Eigentlich erwartet man für jeden Handschlag etwas Geld. Hier lauten die meist übereinstimmenden Empfehlungen: Für Restaurants eine Spanne von fünf bis 15 Prozent, Tour-Guides zehn Prozent, Taxi aufrunden. Hoteljunge und Zimmermädchen 50 Cent bis einem Euro oder Dollar, manche Quellen empfehlen auch zwei Dollar.

Auf der Internetseite eines Ägypten-Reisebüros heißt es, Ägypter seien höfliche Menschen, die aber für Ihre Arbeit ein Trinkgeld erwarteten. „Denken Sie bei Ihrem nächsten Urlaub an die Lebensverhältnisse der Menschen und daran, dass es uns Deutschen doch ganz gut geht", heißt es dort.

Da Betteln in Ägypten verboten ist, versuchen die Bakschisch-Jäger stets eine kleine Dienstleistung zu erbringen, so uninteressant sie für den Empfänger auch sein mag. Da auch vor kleineren Handgreiflichkeiten wie Festhalten nicht zurückgeschreckt wird, bemüht sich die Tourismusbehörde in Kairo um Mäßigung.

Botswana

Hier sind zehn Prozent im Restaurant angebracht, Wechselgeld in Bars. Safari Guides sind mit zehn Dollar pro Person und Tag gut bedacht, Tracker, also Fährtenleser, mit fünf. Taxifahrer aufrunden, in Hotels 50 Cent pro Koffer, 50 Cent bis ein Dollar pro Nacht für das Zimmermädchen.

Gambia

Mit zehn Prozent im Restaurant machen Sie nichts falsch, ebenso wenig wie mit zehn Prozent für den Guide. Im Taxi runden wir wieder auf. Pro Koffer im Hotel sind 50 Cent großzügig, für das Mädchen derselbe Betrag pro Nacht.

Kapverden

Die Kapverden weichen etwas ab von der generellen Zehn-Prozent-Linie Afrikas. Trinkgeld wird nicht erwartet, aber auch nicht zurückgewiesen. Falls Tips nicht auf der Rechnung im Restaurant auftauchen, sind fünf bis zehn Prozent eine gute Wahl. Tour-Guides erwarten kein Trinkgeld, wer zufrieden ist, mag auch hier zwischen fünf und zehn Prozent der Tour-Kosten tippen. Taxifahrer werden für gewöhnlich nicht getippt, sind aber nicht beleidigt, wenn ein Fahrgast aufrundet. Ebenfalls keine Erwartung an Trinkgelder gibt es in Hotels. Wer aber möchte, kann dem Kofferträger 50 Cent oder einen Dollar pro Koffer geben, dem Zimmermädchen einen ähnlichen Betrag pro Nacht.

Kenia

Im Restaurant reichen die Empfehlungen von zehn bis 20 Prozent, Taxi aufrunden, 50 Cent bis ein Dollar für den Kofferträger und das Zimmermädchen pro Nacht.

Marokko

Im Restaurant zehn Prozent, Taxi aufrunden, im Hotel die üblichen 50 Cent oder ein Dollar pro Koffer oder Tag. In Marokko mag man es, wenn diskret getippt wird.

Mauritius

Einheimische geben kein Trinkgeld. Steht kein Tip auf der Rechnung, sind aber fünf bis zehn Prozent gerne gesehen. Und wieder das Übliche für Kofferträger und Zimmermädchen.

Namibia

Zehn Prozent im Restaurant, 100 Namibia-Dollar pro Tag für den Guide. Auf Wechselgeld verzichten beim Taxi. Zehn Namibia-Dollar pro Koffer, 20 für das Zimmermädchen.

Nigeria

Trinkgeld nicht üblich aber okay und ohne jede Regel oder Konvention.

Senegal

Im Senegal muss nicht getippt werden. Wer will, gibt zehn Prozent im besseren Restaurant, kleinere Bargeldzuwendungen sind möglich aber nicht nötig beim Guide und bei hilfreichen Geistern im Hotel.

Seychellen

Insgesamt sind die Erwartungen an Trinkgeld auf den Seychellen wenig ausgeprägt. Fünf bis zehn Prozent im Restaurant sind schon großzügig. Zehn Prozent sind auch eine Möglichkeit für den Tour Guide. Taxi aufrunden. Im

Hotel zehn bis 15 Seychellen Rupien pro Koffer und pro Nacht für den Zimmerservice.

Südafrika

Bedienungen leben in Südafrika zu einem erheblichen Teil vom Trinkgeld. Sie haben nur ein geringes Grundgehalt. Zehn Prozent im Restaurant und im Taxi sind angemessen, 15 sind großzügig, sofern keine Service Charge auf der Rechnung steht. Tour-Guides bei Safaris rechnen pro Paar und abhängig von der Dauer der Tour zwischen 100 und 300 Rand, ebenso wie für den Fährtenleser und andere hilfreiche Geister. Bei Gepäckträgern bieten sich zehn Rand oder ein US-Dollar pro Stück an, Zimmermädchen zwischen fünf und zehn Rand pro Übernachtung. Wenn möglich, tippen Sie in der Landeswährung Rand. Es macht aber Sinn, sich auch in diesem Zusammenhang vorher die aktuelle Währungsentwicklung anzusehen. So finden sich in älteren Beiträgen im Internet Hinweise auf eine Anzahl von Rand, die nach heutiger Umrechnung zehn US-Cent für das Zimmermädchen empfehlen. Was definitiv unpassend wäre.

Tansania

Wenn ein Trinkgeld nicht auf der Rechnung erscheint, sind zehn Prozent im Restaurant angemessen. Tour-Guides erhalten zwischen zehn und 20 Dollar am Tag. Kein Tip im Taxi, der Preis wird zuvor vereinbart. Ein Dollar pro Koffer für den Hoteljungen, ein bis zwei Dollar pro Nacht für das Mädchen.

Tunesien

In Tunesien ist Trinkgeld ein wichtiges Thema. Das nachhaltige, lästige und mitunter aggressive Einfordern von Bakschisch beherrscht auch hier, ähnlich wie in Ägypten, die touristische Szene und das, obwohl der Servicegedanke nicht jeden im Tourismus Beschäftigten vollständig durchdrungen hat. Im Restaurant und im Taxi sind zehn Prozent Trinkgeld eine verbreitete Wahl. Darüber hinaus, also wenn man sich nicht prozentual an einer Rechnung orientieren kann, ist es schwierig, denn die Erwartungshaltung an die Trinkgeldhöhe steigt in Tunesien ständig. Schuld sind Urlauber, die in Tunesien tippen wie in Europa oder gar in den USA.

Ein Tunesien-Forum berichtete, das führe mitunter dazu, dass ein Kofferträger für wenige Minuten Arbeit ein Trinkgeld erhält, das dem Mehrfachen seines Stundenlohnes entspricht. So wird die Gier nach immer mehr geweckt und ein angemessenes Trinkgeld nicht mehr goutiert. Das

Forum berichtet über Barmänner, die ungehalten reagieren, wenn sie nicht 50 Prozent des Rechnungsbetrages als Trinkgeld bekommen.

Wer einem Kofferträger oder einem Zimmermädchen einen Dinar gibt, der hat das Äquivalent von mehr als einem halben Stundenlohn getippt.

Hat Trinkgeld Zukunft?

„Wann kommt das Trinkgeld für den Roboter?"

Frage des Autors

Wie wird es weitergehen mit dem Trinkgeld, dem Tipping, dem Bakschisch? Es begann mit Prostitution und Schutzgelderpressung durch Wegelagerer und entwickelte sich zu einem globalen Milliardengeschäft mit immer weiter steigenden Umsätzen. In einigen Märkten dient die Aussicht auf Trinkgeld als Ausrede für Unternehmer, ihren Mitarbeitern einen nicht auskömmlichen Lohn zu zahlen. Die ständige Frage, wann wem in welcher Höhe ein Trinkgeld zu geben ist, nervt viele Menschen zuhause und erst recht auf Reisen. Was der Völkerverständigung nicht zuträglich ist, wie am Beispiel deutschen Trinkgeldverhaltens in den USA und den Reaktionen darauf deutlich wird.

Großmäuler tun sich hervor mit übermäßigem Trinkgeld, egoistische Schlaumeier benachteiligen andere durch Vorab-Trinkgelder. Umgekehrt ärgern sich zahlreiche Trinkgeldempfänger über knickrige Gäste. Und dann wird Trinkgeld häufig auch noch ungerecht verteilt: Der gelangweilte Kellner, der seinen Daumen in der Suppe badet, bekommt es. Der Koch, der die köstliche Suppe kreierte, bekommt es nicht. Mal ist jemand beleidigt, weil er kein Trinkgeld bekommt, andere fühlen sich erniedrigt, wenn ihnen ein Trinkgeld gegeben wird. In Entwicklungs-ländern nehmen Eltern ihre Kinder von der Schule, weil unbedarfte Touristen ihnen für unerwünschte Dienstleis-tungen „Trinkgeld" geben.

Ist Trinkgeld „böse"? Gehört es abgeschafft? Muss Trinkgeld verboten werden?

Diese Fragen wurden im Lauf der Geschichte oft mit ei-nem Ja beantwortet. Doch alle politischen, gewerkschaft-lichen, juristischen, wirtschaftlichen, gesellschaftlichen und ethischen Ansätze, das Trinkgeld abzuschaffen, sind weltweit gescheitert.

Das Trinkgeld ist weiter auf dem Vormarsch, unaufhalt-bar. Die letzte Bastion gegen das Trinkgeld ist Japan. Alles andere sind Einzelfälle wie etwa der neuseeländische Mit-arbeiter einer Tankstelle, der ein Trinkgeld ablehnte mit dem Hinweis, er werde von Shell bezahlt.

Was tun? Die Antwort ist einfach: Nichts. Denn Sie kön-nen es nicht ändern. Arrangieren Sie sich irgendwie damit und am besten so, dass Sie den wenigsten Stress und Är-ger damit haben. Und am wenigsten Unheil damit anrich-ten. Vielleicht helfen die nachfolgenden 15 Vorschläge für die ganz Eiligen etwas dabei. Natürlich können Sie künftig aus Protest nur noch Urlaub in Japan oder im ländlichen China machen – aber das ist wahrscheinlich eine ziemlich theoretische Option.

Kommt Hilfe aus der Zukunft? Roboter werden nach und nach auch in der Tourismusindustrie eingesetzt. Auf Kreuzfahrtschiffen gibt es schon Roboter, die die Gäste einchecken oder begrüßen. In ersten Hotels bringt der neue Kollege gerne die Zeitung oder die Kinokarten aufs Zimmer. Nahe Shanghai gibt es sogar ein Restaurant, das mehr Roboter beschäftigt als Kellner. Der Keller übergibt Speisen und Getränke dem Roboter. Der bringt sie an den Tisch.

Ist das der Anfang vom Ende des Trinkgeldes? Kaum. Heute müssen die Gäste dem künstlichen Kellner nur über den Kopf streicheln, damit er auch wieder geht. Dieses Feature ist aber sicher leicht umzuprogrammieren...

Konventionen zu kennen, macht Sinn, auch in Sachen Trinkgeld. Ob man sie auch beachtet, steht auf einem anderen Blatt. Auf keinen Fall sollten Empfehlungen für Trinkgeldverhalten als Korsett verstanden werden. Vielmehr als Leitplanken, zwischen denen es mehr Raum für Manöver gibt, als so mancher Stilberater oder direkt Interessierte es uns weismachen will.

Für Eilige: 15 Vorschläge

1. Tippen Sie niemals Kinder in Entwicklungsländern. Das führt oft dazu, dass Eltern ihre Kinder aus der Schule nehmen und sie auf Trinkgeldjagd schicken.

2. Tippen Sie nicht in Japan. Ausnahme Tourguides.

3. Tippen Sie nicht oder nur sehr diskret in China.

4. Tippen Sie nicht vorher.

5. Übertreiben Sie nicht beim Tippen.

6. Tippen Sie ohne große oder herrische Geste.

7. Bei größeren Gesellschaften tippen Sie als Gastgeber nicht vor den Augen ihrer Gäste. Das gilt auch für Chefs, die ihre Mitarbeiter eingeladen haben.

8. Tippen Sie mindestens 15 Prozent in USA-Restaurants. Oder gehen Sie zu MacDonalds.

9. Streichen Sie auf Schiffen keine automatisch gebuchten Trinkgelder. Es sei denn, Sie sind rundum schlecht bedient worden. Die Betonung liegt auf

rundum.

10. Wenn Sie sich unsicher sind: Im Restaurant machen Sie mit zehn Prozent weltweit kaum etwas falsch. Ausnahmen, siehe oben, Japan und USA.

11. Wenn es passt, also nicht gestelzt wirkt, verbinden Sie Ihr Trinkgeld mit ein paar Worten der Anerkennung.

12. Wenn Sie gerne tippen, vergessen Sie den Zimmerservice nicht. Wer Ihr Zimmer und Ihr Bad säubert, tut oft mehr für Sie als ein Kellner.

13. Bei manchen Anlässen tippen Sie stilvoller im Briefumschlag.

14. Bieten Sie Trinkgeldjägern und Manipulationsversuchen die Stirn. Tippen Sie nicht, wenn Sie sich dazu genötigt fühlen.

15. Aber vor allem: Tippen Sie so, dass Sie sich während und danach nicht unwohl fühlen. Dann stimmt es auch.

Zeitfracht Medien GmbH
Ferdinand-Jühlke-Straße 7
99095 Erfurt, Deutschland
produktsicherheit@kolibri360.de